알아두면 쓸모 있는
경제학 상식 사전

* 일러두기

1. 이 책에 등장하는 외래어 용어 및 인명, 지명 등은 국립국어원의 표기를 따랐습니다.
   그러나 관용적으로 굳어진 표현들은 예외를 두었습니다.
2. 숫자의 표기는 가독성을 위해 아라비아 숫자와 한글을 혼용했습니다.

테이번 페팅거 지음 | 임경은 옮김

알아두면 쓸모 있는
경제학 상식 사전

ECONOMICS : 50 ESSENTIAL IDEAS

CRETA

차
례

경제는
어디서나 우리에게 영향을 미치지만,
우리 생활에 어떻게 영향을 미치는지
구체적으로 알기는 쉽지 않다.

이 책은 우리 생활에 영향을 미치는 경제 관련 주요 개념들을 이해하기 쉽게 설명하고자 한다. 경제 공부가 어려운 이유 중 하나는 어디서부터 시작할지 막막하다는 점이다. 때로는 온갖 변수와 복잡한 개념이 등장해 어렵게 느껴진다. 이 책은 각 장의 흥미로운 주제마다 필수 개념을 먼저 설명하고 이를 바탕으로 해당 주제를 더 쉽게 이해할 수 있게 차곡차곡 살을 붙이는 방식으로 구성했다.

경제학에 접근할 때 가장 먼저 할 일은 미시경제학과 거시경제학으로 나누는 것이다. 미시경제학은 개별 시장, 기업 운영 방식, 경제의 작동 등 비교적 작은 주제들을 다룬다. 예컨대 여러분은 신기술이 우리에게 축복인지 재앙인지 생각해 본 적 있는가? 18세기 노동자들은 기존보다 생산적인 기계의 등장으로 자신들의 숙련 작업이 대체되자 격분하며 기계를 파괴했다. 이들은 나중에 '러다이트Luddites'라는 멸칭蔑稱을 얻었고, 이처럼 신기술이 경제의 전반적인 미래에 해를 끼친다고 오해하는 사고방식을 '러다이트 오류Luddite fallacy'라고 한다.

경제학은 크게 미시경제학과 거시경제학으로 나뉜다.

　안정적인 급여와 직장을 잃은 숙련 노동자들에게는 안타까운 일이지만, 현대인 중 18세기의 생활 수준으로 돌아가고 싶은 사람은 거의 없을 것이다. 현대 경제에 아무리 문제가 많다 해도, 지난 몇 세기동안 생활 수준이 크게 향상했다는 사실은 무시할 수 없다. 경제학은 생활 수준과 사회적 기회 양쪽에서 급격한 변화를 가능하게 한 토대 역할을 했다.

　방금 얘기한 내용이 바로 거시경제학 영역에 속한다. 거시경제학은 전체 경제의 큰 그림, 그리고 한 국가 경제가 글로벌 경제에서 어느정도 위치에 있는지를 살펴보는 학문이다.

　한 개인이 직장을 잃으면 이는 미시경제학적 문제다. 반면 대량실업은 국가의 문제이자 정부의 개입이 필요할 수도 있는 거시경제학적 문제다.

　매일 언론에서 가장 꾸준히 보도되는 경제 뉴스는 이 거시경제와 관련이 있다. 물가는 왜 갑자기 급등할까? 중국과의 무역에서 적자가 나면 걱정할 일일까? 이러한 질문들을 이해하면 물가는 왜 오르고, 생활 수준은 왜 개선되지 않는지 등을 쉽게 이해할 수 있다.

물론 거시경제학과 미시경제학을 굳이 구분하는 것도 좀 억지스럽긴 하다. 유가가 상승하면 국내 휘발유 가격이 상승할 뿐 아니라 전 세계 경제도 인플레이션과 저성장 등에 영향을 받기 때문이다.

여러분이 이 책을 읽으면서 경제학은 학문인 동시에 기예라는 사실을 깨닫기를 바란다. 수학은 정확하고 확실한 답이 있지만, 경제학은 복잡해서 다양한 가능성과 해결책을 헤아리며 세심하게 접근해야 한다. 경제학은 그저 일종의 이데올로기도 아니고, 단순하게 압축한 정답 한 개만 있는 것도 아니다. 7명의 경제학자에게 어떤 질문을 하면 8개의 다른 답을 얻는다는 우스갯소리도 있다. 실망스럽겠지만 그것이 경제학이 정말 재미있는 이유이기도 하다! 예컨대 앞으로 논의할 러다이트 오류의 사례에서, 우리가 여전히 신기술의 급속한 발전을 경계하는 게 무리가 아닌 이유를 살펴볼 것이다.

모쪼록 우리 삶의 활동 무대인 경제에 대해 더욱 폭넓은 이해와 관점을 얻고 싶은 분들에게 이 책이 등대가 되길 바란다.

01

화폐는 교환의 매개체로 널리 쓰인다. 그 외 기능으로는 가치의 저장 수단, 후불(부채) 결제 수단, 상대적 가치를 측정하는 회계의 단위 등이 있다.

대부분 화폐는 국가의 중앙은행에서 발행되며, 중앙은행은 발행한 화폐의 보증인이 된다. 경제에서 화폐가 없다면 개인이 재화와 서비스를 직접 주고받는 물물교환 방식에 의존해야 한다. 따라서 화폐는 우리가 각자의 직업에 전념할 수 있게 해주는 핵심 요소다. 덕분에 우리는 물건을 일일이 생산해 물물교환하지 않고도 돈으로 대

화폐란 무엇일까? 초기의 화폐는 금화를 가리켰지만, 오늘날에는 지폐와 전자식 은행 예금도 포함한다.

가를 지급받을 수 있다.

실물화폐

화폐가 오늘날의 형태로 발전하기 전까지는 고유의 가치를 내재한 물질의 형태였다. 예컨대 금화는 금 자체에 커다란 가치가 있으므로 화폐로 쉽게 채택되었다. 금화를 반으로 잘라도 그 조각에는 여전히 고유 가치가 있었다. 그러나 귀금속 화폐만 사용한다면 유통되는 통화량에 한계가 드러날 수밖에 없다. 또한 금값은 투기로 오르내리기 쉬운 만큼, 금화의 가치는 생각만큼 안정적이지도 않다.

법정화폐

초창기 은행에서는 은행권을 발행하기 시작했는데, 이 은행권은 소지인에게 금과 교환해 주겠다고 약속하는 증서와도 같았다. 은행권을 발행한 금융 기관을 사회 구성원들이 신뢰하면, 그 자체로 고유 가치는 없어도 '법정화폐fiat money'로서 합법적 화폐로 사용되고 인정된다. 오늘날 대부분 화폐는 은행에 전자 화폐 형태로 존재한다. 우리가 예금을 인출하러 은행에 가는 이유는 원하면 현금을 찾아올 수 있다는 신뢰 때문이다. 중앙은행은 은행 시스템의 안정성을 보장하는 최종 대부자 역할을 한다. 따라서 돈이 부족한 시중은행은 중앙은행에 현금을 필요한 만큼 요청할 수 있다. 상황에 따라 중앙은행은 유동성 위기를 해결하려고 화폐를 발행(또는 창출)하기도 한다.

통화량

현재 시중에 유통되는 화폐는 총 얼마일까? 2021년 초 미화 기준으

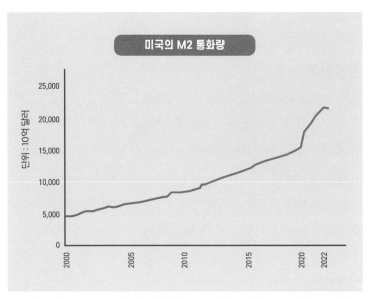

2021년 미국에서는 코로나19에 대응하기 위한 통화 및 재정 부양책으로 통화량이 급증했다.

로 2조 400억 달러였다. 비록 그중 약 50%가 미국 외부에서 유통되긴 했지만, 이 돈은 미국 통화량의 일부에 불과하다. 더 넓게 정의한 화폐는 M0 또는 본원통화라고 한다. 여기에는 현금뿐 아니라 연방준비제도Fed(연준)에 보관된 시중은행의 지급준비금도 포함된다. 본원통화는 2008년 이후 양적완화로 크게 증가했다. 그러나 본원통화도 공식 화폐의 작은 부분을 차지할 뿐이다. 화폐의 정의를 더욱 확장하자면, 현금과 은행 예금, 단기금융시장 예금까지 합칠 수 있다. 통화량의 광범위한 척도인 M2를 기준으로 하면 2021년 미국의 통화량은 21조 달러였다. M2는 현금, 예금, 그리고 쉽게 현금화할 수 있는 자산을 모두 포함해 통화량을 측정하는 지표다.

준화폐

금융 거래 대상 중에는 준화폐near money라는 것도 있다. 가치의 저장 수단은 되지만 교환의 매개체로 쉽게 전환되지 않는 것이 특징이다. 예컨대 직불 카드로는 일종의 전자 화폐인 은행 예금을 이용해 물건을 구매할 수 있지만, 정부 채권은 결제 수단으로 쓸 수 없다. 그러나 채권 시장에 팔아 쉽게 현금화하고 그 돈으로 물건을 살 수 있다. 다시 말해 준화폐는 돈에 가깝지만, 돈으로 분류될 기준을 완전히 충족하지는 못한다.

비트코인과 암호화폐

최근에는 비트코인 같은 새로운 형태의 화폐가 생겨났다. 비트코인의 취지는 통화 당국에 의존하지 않고 발행량이 고정되어 인플레이션 가능성이 없는 화폐를 만들자는 것이었다. 비트코인도 일각에서 교환의 매개체로 받아들이고, (대개 암시장에서) 제한적으로나마 재화와 서비스의 가치 평가에 쓰이므로 이론상으로는 화폐의 일부 기능을 충족한다. 그러나 보편적으로 사용하지 못하기 때문에 화폐와 동

비트코인 같은 암호화폐는 21세기에 등장한 신종 화폐다.

등하게 취급할 수는 없다. 예컨대 가스 요금이나 학자금 대출금을 비트코인으로 지불하고 싶어도 허용되지 않는다. 비트코인을 현금으로 환전해 주는 곳도 있지만 이런 거래는 매우 드물다. 또한 비트코인과 신종 암호화폐는 변동성이 매우 커서, 시장 분위기에 따라 등락을 반복하는 일시적 특성이 강하다. 따라서 많은 투자자가 비트코인을 현금화하려 할 때는 이미 가치가 기대보다 훨씬 떨어져 있었다.

화폐 발행

통화량을 관리하는 중앙은행이 부닥치는 난관 중 하나는 정부가 화폐를 찍어내 경제 위기에 대처하려 할 때가 많다는 것이다. 화폐 발행은 정부가 물건값을 치르거나 직원에게 임금을 지급할 수 있게 하는 일시적 해결책이 되지만, 생산량을 늘리거나 경제 문제를 근본적으로 해결하지는 못한다. 상품 생산량은 같은데 통화량이 2배 증가한다면 같은 양의 상품 수요에 더 많은 돈이 쏠리게 된다. 그러면 기업은 가격을 올려 늘어난 화폐 수요에 대응한다. 즉 화폐를 발행하면 대개 인플레이션이 발생하고, 노동자들은 자기 임금도 오르리라는 착각에 빠지기 쉽다. 과거에 실제 생산량보다 통화량을 더 빠르게 늘려 심각한 어려움에 처한 국가들이 적지 않았다. 경제 위기에 처했을 때 화폐 발행은 임시방편일 뿐, 곧 초인플레이션을 유발해 상황을 더욱 악화할 수 있다(17장 '초인플레이션' 108~110쪽 참조).

그렇다고 화폐를 발행할 때마다 인플레이션이 발생하는 건 아니다. 심각한 불황기 같은 상황에서는 시중은행이 대출을 꺼리고 기업도 투자에 소극적이기 때문에 화폐 발행이 인플레이션을 유발하지 않기도 한다. 디플레이션(18장 111~117쪽 참조) 시기에는 화폐 발행이 완만한 수준의 인플레이션만 유발하기에 문제가 되지 않는다.

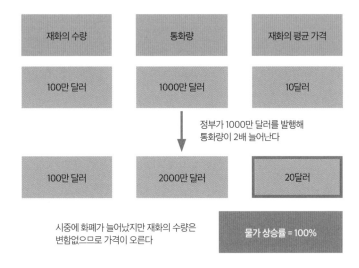

재화의 수량	통화량	재화의 평균 가격
100만 달러	1000만 달러	10달러

정부가 1000만 달러를 발행해
통화량이 2배 늘어난다

| 100만 달러 | 2000만 달러 | 20달러 |

시중에 화폐가 늘어났지만 재화의 수량은
변함없으므로 가격이 오른다

물가 상승률 = 100%

화폐를 발행하면 인플레이션이 발생한다.

02

좋기만 할까
경제 성장

경제 성장은 한 국가 경제의 가치와 규모가 증가하는 것이다. 바꿔 말하면 국민 총소득과 국민 총생산의 증가를 의미한다.

모든 조건이 동일하다면, 경제 성장은 사람들의 생활 수준을 높여 경제적으로 더 잘살게 해준다. 특히 빈곤이 만연하고 생활 수준이 낮은 개발도상국으로서는 여러 면에서 환골탈태할 기회가 된다. 지난 40년 동안 경제 성장은 세계의 절대 빈곤을 감소시킨 핵심 요인이었다.

경제 성장은 생산량과 소득이 늘어나는 과정이므로 20세기에 (그리고 현재까지도) 흔히 경제 정책의 성배처럼 숭상되었다. 그러나 환경 문제가 불거지면서, 사람들은 앞으로 계속 성장을 추구해도 괜찮은지 점점 고개를 갸웃거리고 있다. 한편으로는 여전히 성장의 편익이 비용보다 더 크다고 주장하는 사람도 있다.

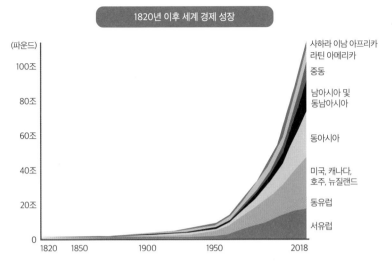

1820년 이후 세계 경제 성장

(파운드)

100조

80조

60조

40조

20조

0

1820 1850 1900 1950 2018

사하라 이남 아프리카
라틴 아메리카
중동
남아시아 및
동남아시아
동아시아
미국, 캐나다,
호주, 뉴질랜드
동유럽
서유럽

경제 성장은 빈곤 퇴치에 중요한 역할을 했다.

성장의 이득

경제 성장의 문제를 살펴보기 전에, 먼저 19세기 생활 수준으로 돌아가고 싶은 사람은 거의 없다는 점을 염두에 두자. 19세기는 기대 수명이 현재의 절반 수준이었고, 주거 환경이 열악했으며, 영양실조와 빈곤에 시달리는 노동자가 많았다. 그러나 이제는 경제 성장 덕분에 대다수 인구가 절대 빈곤에서 벗어나 기본적인 생필품 정도는 충족하며 살고 있다. 이만하면 인류의 엄청난 성과다. 불과 지난 30년 사이에 경제 성장으로 세계 인구의 20%가 절대 빈곤에서 벗어났다. 이는 (흔히 간과되곤 하지만) 현대 문명의 쾌거라 볼 수 있다. 우리는 세상의 온갖 병폐에 쉽게 눈을 돌리지만, 경제가 약간만 성장해도 수많은 사람의 삶이 몰라보게 개선된다는 점을 잊어서는 안 될 것이다.

이 외에도 경제 성장의 이득은 또 있다. 생산량이 증가하면 기업

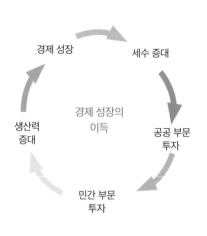

경제 성장

세수 증대

경제 성장의
이득

생산력
증대

공공 부문
투자

민간 부문
투자

은 기꺼이 더 많은 노동자를 고용하므로 실업률이 낮아진다. 또 정부는 국가 생산량이 많을수록 (같은 세율로도) 더 많은 세금을 징수할 수 있다. 이렇게 늘어난 세수입은 의료, 교육, 교통, 환경 정책에 사용할 수 있다. 제2차 세계대전 직후인 1950년에는 영국 정부의 국내총생산GDP 대비 국가 부채 비율은 220%를 넘어 입이 떡 벌어지는 수치를 기록했다. 그러나 50년 동안의 꾸준한 성장 끝에 2000년에는 GDP 대비 부채 비율이 40%까지 떨어졌다. 이렇기 때문에 경제 성장은 각국 정부들의 복덩이다. 경제가 성장하면 국가 재정이 개선되고, 감세나 경기 부양책 등 유권자들이 좋아할 만한 정책도 순조롭게 추구할 수 있다.

성장의 비용

하지만 다른 목표를 모두 무시한 채 어떤 대가를 치르더라도 경제 성장만 추구하면 병폐가 생긴다. 그중 중요한 문제는 경제 성장이 환경 보호와 상충한다는 점이다. 경제가 성장하면 천연자원 소비, 화석 연료 사용, 대기 오염도가 증가해 소가 풀을 뜯고 살 수 있는 자연 서식지가 손실될 것이다. 그 결과 전 세계에 외부 비용이 증가한다. 오염으로 인한 외부 비용으로는 현대인의 질병, 기대 수명 감소 등이 있다. 심지어 미래에 세계 일부 지역은 거주 불능이 될 가능성도 있다.

알아두면 쓸모 있는 경제학 상식 사전

경제 성장은 생활 수준 향상, 실업률 감소, 정부 세수 증가로 이어진다.

따라서 GDP 계산의 기초가 되는 생산량만 따지면 경제 성장이 실제 삶의 질에 미치는 모든 악영향을 놓치게 된다.

중요한 건 경제가 성장하기까지의 과정이다. 화석 연료 사용량이 급증하고, 노동자가 더 오랜 시간 일하고, 군사력을 강화하는 나라라면 이 모든 것이 GDP 증가로 반영될 것이다. 그러나 이 세 가지는 모두 국민의 생활 수준을 떨어뜨리기 쉽다. 즉 환경은 더 오염되고, 여가는 줄어들고, 무기는 말 그대로 살상을 목적으로 제조되었기 때문이다. 그러나 완전히 다른 방식으로 경제 성장을 달성하는 방법도 있다. 기존의 화력 발전소 대신 효율적인 태양광 발전소를 설립해 더 많은 전력을 생산한다고 가정하자. 그러면 GDP가 증가할 뿐 아니라 더 저렴하고 깨끗한 전기 덕에 생활 수준도 향상할 것이다.

브라질 아마존 열대우림의 삼림 벌채.

마찬가지로 효율적인 신기술이 개발되면 노동 생산성이 더 높아질 것이다. 자동화와 인공지능이 발전하면 같은 양의 제품을 더 적은 인력으로 생산할 수 있다. 그 결과 (이론적으로는) 임금도 오르고 여가도 풍부해진다.

저개발국에서는 경제 성장이 생활 수준을 한결 향상할 가능성이 크지만, 선진국일수록 경제 성장은 '한계효용체감의 법칙law of diminishing marginal utility'을 따른다. 이를테면 대부분의 사람에게는 소득이 연간 1000파운드만 늘어도 엄청난 변화를 체감할 것이다. 그러나 소득이 100만 파운드에서 100만 1000파운드로 늘어난 백만장자에게는 똑같은 액수가 늘었지만 별 감흥이 없을 것이다.

경제 성장만으로는 생활 수준을 온전히 측정할 수 없다. 대신 한 국가의 생활 수준을 평가하려면 경제후생지표Measures of Economic

Welfare, MEW와 인간 행복 지수Human Happiness Index, HHI 같은 별도의 척도를 눈여겨볼 필요가 있다. 그중 대개 경제 성장률이 기본으로 쓰이지만, 기대 수명, 교육 수준, 환경 오염 등 그 외 측정 가능한 요소도 포함할 수 있겠다.

경제 성장의 요인

경제 성장의 주된 동력 두 가지는 수요 증가(지출 및 투자 증가)와 생산량 증가(산출물 증가)다. 장기적으로 경제 성장을 결정하는 핵심 요소는 생산력의 향상 속도다. 이는 결국 자원(토지, 노동, 자본)의 양과 이들 자원의 생산성에 따라 달라진다. 예컨대 어떤 작업이든 수작업으로 하기보다 기계를 사용하는 편이 훨씬 효율적이었다. 전기의 보급은 노동 생산성을 크게 향상했다. 그리고 노동자 한 사람당 상품 생산량이 늘어나면 전체 경제에서 상품 생산량도 늘어난다.

또한 노동자의 생산성이 높아지면 기업은 더 많거나 질 좋은 상품을 판매해 많은 수익을 거둔다. 그러면 직원에게 임금을 올려줄 수 있다. 노동자의 임금이 오르면 시장에 상품 수요도 증가한다. 20세기 초에 조립 라인이 도입된 것이 좋은 예다. 원래 자동차는 수작업으로 제작되어 매우 비쌌고 부자들의 전유물이었다. 그러나 헨리 포드Henry Ford가 분업과 조립 라인을 도입해 자동차를 대량 생산하면서 효율성을 극적으로 높였다. 포드는 자동차를 훨씬 저렴하게 판매하기 시작했고, 그 결과 자동차 수요가 급증했다. 또한 포드는 노동자의 임금을 대폭 인상했다. 실제로 자동차 제조 노동자도 이제 자신이 생산한 자동차를 직접 구입할 여력이 생겼다. 10년 전만 해도 상상할 수 없던 일이었다. 한마디로 이런 요소들이 경제 성장의 본질이다. 즉 생산성의 향상으로 생산량이 늘어나니 노동자의 임금이 오르고, 그들에게서 더 많은 수요가 창출되는 것이다.

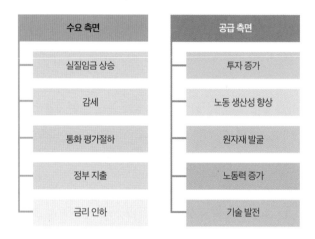

경제 성장의 요인

수요 측면	공급 측면
실질임금 상승	투자 증가
감세	노동 생산성 향상
통화 평가절하	원자재 발굴
정부 지출	노동력 증가
금리 인하	기술 발전

03

알 수 없어 흥미로운
경제 성장의 한계

우리는 고성장을 이상으로 여기는 데 익숙해졌고, 흔히 정치인들도 성장을 그 어떤 목표보다 중시한다.

그러나 갈수록 우리는 '여기까지가 끝이 아닐까'하는 의심이 든다. 1798년에 《인구론》을 쓴 토머스 맬서스Thomas Malthus는 식량 공급량을 늘려봤자 굶주릴 인구는 더 빨리 늘어나므로 식량난을 극복할 수 없다고 경고했다. 이런 이유로 그는 1인당 국민 소득이 증가하기 어렵다고 보았다. 다행히도 맬서스의 암울한 예측은 틀린 것으로 판명되었다. 식량 생산량이 증가한 이유는 경작지가 늘어나서가 아니라, 생산성이 향상하고 기술이 발전한 덕이었다. 맬서스가 예견한 성장의 한계는 일어나지 않았다. 생산성과 농업 기술의 향상으로, 인구도 1인당 국민 소득도 모두 증가했다.

환경 문제
그러나 맬서스의 이론을 차치하더라도, 21세기 들어 점점 경제 성장

맬서스.

의 한계가 뚜렷해지는 건 사실이다. 먼저 우리가 당연히 여겨왔던 물과 농지 등 기본 자원에 대한 접근성이 우려된다. 지구 온난화, 소홀한 환경 관리, 인구 증가로 인해 사하라 이남 아프리카를 비롯한 전 세계의 넓은 지역이 사막화되고 있다. 이는 미래의 경제 성장은 물론 특정 공동체의 생존 가능성까지 위협할 것이다. 국제연합UN은 깨끗한 식수에 대한 접근성이 전 세계 미래 세대의 큰 걱정거리가 될 수 있다고 경고한다. 기후 변화로 일상적 농업 활동이 어려워지면, 전 세계 식량 생산량이 감소해 우리 경제의 기반이 흔들릴 수 있다.

맬서스의 이론은 19세기 기술 발전이 생산성을 쉽게 높였다는 점에서 명백한 오류로 입증되었다. 그러나 기술 혁신은 '수확체감의 법칙law of diminishing returns'이 작용한다. 예컨대 비료를 적당히 사용하면 수확량을 크게 늘릴 수 있지만 어느 정도를 넘어가면 오히려 수확량을 감소시킨다. 또한 기술은 장기적으로 의도하지 않은 결과를 초래하기도 한다. 예를 들어 살충제를 사용하면 당장은 작물 수확량을 늘릴 수 있다. 그러나 살충제는 장기적으로 곤충 개체 수를 줄인다는 비난도 받아왔다. 그리고 꿀벌 등 수분 매개 곤충의 수가 한계점 이하로 줄어들면, 작물 수분이 충분히 채워지지 않아 식량 생산이 위협받을 수 있다.

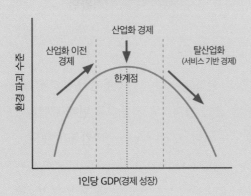

쿠즈네츠 곡선

산업화 경제

산업화 이전
경제

탈산업화
(서비스 기반 경제)

환경 파괴 수준

한계점

고성장 초기에는 환경 오염이
발생하지만 적절한 기술을
사용하면 환경 피해를 줄일
수 있다.

1인당 GDP(경제 성장)

경제 성장과 더 지속 가능한 환경의 공존 가능성

한편 경제 성장과 환경 보호의 공존 가능성에 낙관적인 경제학자들
도 있다. 환경 쿠즈네츠 곡선Environmental Kuznets Curve은 처음에 경제
성장이 환경 오염과 손상을 가중한다고 인정한다. 그러나 경제가 특
정 소득 수준만큼 발전하면 환경을 개선하고 장기적으로 지속 가능
한 정책에 더 많은 자원을 투자할 수 있다. 예컨대 산업화 초기에 경
제 성장의 원동력이었던 화력 발전은 심각한 대기 오염을 일으켰다.
그러나 제2차 세계대전 이후에는 오염 배출을 제한하고 저오염 에너
지원으로 전환할 것을 의무화하는 법률이 곳곳에서 제정되었다. 따
라서 오염도를 낮추면서 경제 성장을 이루는 것도 불가능한 일은 아
니다. 예컨대 영국에서는 탄소 배출량이 1960년대 중반에 정점을 찍
은 이후 2022년에는 19세기 수준으로 떨어졌다.

또한 낙관론자들은 상품이 부족해지면 시장 메커니즘에 따라 상품 가격이 오르고 수요가 줄기 때문에 소비자에게 다른 실용적 대안을 찾으려는 유인이 생긴다고 주장한다.

경제 성장의 비용

그러나 이러한 경제 성장과 환경의 지속 가능성에 관한 장밋빛 견해는 오해를 일으킬 소지가 있다. 경제가 발전할수록 눈에 보이는 오염 물질이 일부 감소할 수는 있다. 예컨대 석탄 난방을 금지해도, 신기술이 등장하면 비교적 수월하게 대체 난방 방식으로 바꿀 수 있다. 그러나 눈에 보이는 일부 오염 물질은 줄어도, 눈에 잘 안 보이는 독소와 외부 오염 물질은 계속 증가하는 추세다. 그중에는 먼 훗날에야 온전히 인식할 수 있는 물질도 있다. 도심의 이산화질소 오염도는 여전히 높은 수준이다. 한 국가가 탄소 배출량을 줄이더라도, 더 심각하고 중요한 문제는 전 세계의 탄소 배출량이다. 지구 온난화를 심화할 뿐 아니라, 장기적으로 경제 활동의 지속가능성에 파괴적 영향을 미칠 수 있기 때문이다. 또 경제 성장 비용이 미래 세대에게만 전가되는 시장 실패의 가능성도 문제점 중 하나다. 화력 발전이 초래한 도심의 스모그 현상을 해결하려면 매연 저감 조치가 도움이 될지도 모른다. 하지만 지구 온난화가 한계점에 도달하면, 그간의 추세를 뒤집고 지속 가능한 환경 속에서 이전처럼 정상적인 경제 성장을 장담하기에는 너무 늦을 수도 있다.

그 외 성장의 제약 조건

환경과 자원의 지속 가능성 외에도 경제 성장의 제약 조건이 또 있을까? 최근 몇 년째 주요 선진국의 경제 성장률이 둔화되고 있다. 특히 일본처럼 인구가 고령화되고 생산 연령 인구가 감소하는 국가에서는 더욱 그렇다. 성장률이 둔화하는 이유 중 하나는 과학과 기술이 아무리 발전한다 한들, 성장에는 수확체감의 법칙이 적용되기 때문이다. 과거에는 증기력, 전기, 조립 라인, 마이크로칩 등 몇몇 기술이 생산성의 비약적 발전을 이끌었다. 그러나 이제는 기술 진보에서 그 정도로 큰 도약을 달성하기는 점점 어려워지고 있다. 인공지능과 로봇이 갈수록 다양한 분야에서 활발히 활용되고 있지만, 생산성 증가세는 예전 같지 않다. 이는 인구 구조의 변화와 더불어 투자와 연구 개발의 동기를 떨어뜨리는 요인이다. 하지만 과거에도 생산성이 한계점에 이르렀다고 생각했다가 나중에 그렇지 않은 것으로 판명된 경우가 많았다. 그러므로 저렴하고 재생 가능한 획기적인 에너지원이 새로 등장할 여지는 아직 무궁무진하다는 점을 기억해야 한다.

성장의 제약 조건으로 다른 하나를 거론하자면, 앞으로는 사람들이 점점 우선순위를 'GDP 극대화'에서 '삶의 질 극대화'로 재조정하면서 이전만큼 경제 성장에 매달리지 않을 수도 있다. 그렇게 된다면 사람들은 여가는 늘리고 소비는 줄이려 할 것이다.

04

보이지 않는 손에 의한

수요와 공급

우리가 인식하든 못하든 수요와 공급은 일상생활에 스며 있는 경제의 기본 요소다. 수요와 공급의 힘은 시장의 물건값, 구매하는 물건, 그리고 임금을 결정한다.

수요량은 우리가 다양한 가격대에서 구매하려는 재화의 양이다. 일반적으로 가격이 오르면 수요량은 감소한다. 이유는 두 가지다. 첫째, 가격이 오르면 소비자의 가처분 소득이 줄어 소비할 수 있는 금액이 줄어든다. 예를 들어 가스비가 오르면 소비자는 가스를 덜 사용하려 한다. 가스비가 상승한 만큼 가처분 소득이 감소하지만, 중

원두의 가격은 수요 공급의 법칙으로 결정된다.

알아두면 쓸모 있는 경제학 상식 사전

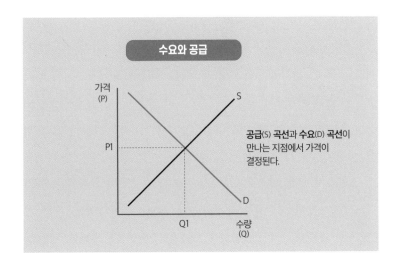

수요와 공급

가격
(P)

P1

공급(S) 곡선과 수요(D) 곡선이
만나는 지점에서 가격이
결정된다.

Q1

수량
(Q)

앙난방 방식에서 가스를 안 쓸 수는 없으니 사용량이라도 줄이려는 것이다. 둘째, 가격이 오르면 소비자는 대체재를 찾게 된다. 예컨대 네슬레 커피 가격이 20% 오르면 소비자는 켄코^Kenco(네덜란드 기업 JDE 그룹이 소유한 영국 커피 브랜드. 스위스의 네슬레가 매해 세계 커피 시장 점유율 20%대를 유지하며 1위인 가운데, JDE 그룹은 10% 안팎에서 2위를 기록 중-옮긴이) 같은 브랜드로 바꿀 것이다.

공급량은 기업이 다양한 가격대에서 판매하려는 재화의 양이다. 재화의 가격이 높을수록 기업이 벌어들이는 수익이 높아지므로 공급 곡선은 우상향한다.

진정한 마법은 수요와 공급이 한곳에서 만날 때 나타난다. 공급과 수요가 만나 시장에서 균형을 이루는 최적의 지점(즉, 균형점)이 있다. 테이크아웃 커피를 예로 들어보겠다. 시장 가격이 1파운드라면 그 가격에 커피를 공급할 의향이 있는 기업은 거의 없지만 수요는 높을 것이다. 언제든 오가다 저렴하게 사 마실 수 있는데 굳이 집에서 커피를 끓여 마실 필요가 있을까? 하지만 이렇게 저렴한 가격이 지속되면 공급이 수요를 못 따라간다. 커피 전문점 수는 제한된 가운데 수요가 공급을 훨씬 능가하니, 고객은 커피를 사러 갈 때마다 긴 줄을 보게 될 것이다. 그러나 커피 가격이 가령 3.10파운드까지 오른다면 공급과 수요가 균형을 이뤄 당분간은 가격이 안정적으로 유지될 것이다.

대부분 시장 경제에서는 가격을 정하는 당국이나 계획이 따로 있지 않다. 가격은 단순히 시장에서 결정되는데, 이것이 바로 애덤 스미스Adam Smith가 말한 "시장의 보이지 않는 손"이다. 커피가 더욱 인기를 끌면 시장 수요가 증가할 테고, 커피 가격은 상승할 것이다.

'보이지 않는 손'이라고 불리는 이유는 아무도 의식적으로 시장 가격을 정하지 않기 때문이다. 개인은 단지 자신의 이익을 추구할 뿐이다. 기업은 이윤 추구의 동기에 따라 움직이는 만큼, 가격이 높으면 판매량을 늘리려 한다. 또 소비자는 구매할 가치(효용)가 있다고 생각하는 재화만 구매한다. '경제학의 아버지'라고 불리는 스미스는 이렇게 설명했다.

> 모든 개인은… 공익을 증진할 의도도 없고 자신이 얼마나 공익 증진에 기여하는지 알지도 못한다… 자신의 안전을 추구할 뿐이다. 그리고 그는 자신의 생산물이 지니는 가치를 극대화하는 방향으로 노동에 시간을 쏟음으로써 오직 자신의 이익만을 도모한다. 이때 다른 많은 경우와 마찬가지로 보이지 않는 손에 이끌려 자신의 의중에 전혀 존재하지 않았던 목표를 달성하게 된다.
>
> — 《국부론》(1776)

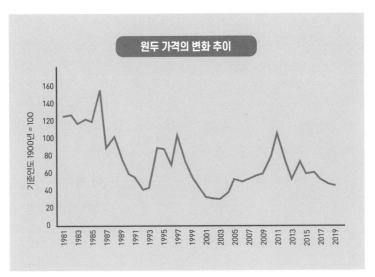

원두 가격의 변화 추이

원두 공급량은 날씨의 영향을 받으므로 가격 변동성이 매우 크다.

테이크아웃 커피의 가격은 (물가가 꾸준히 상승하는 추세에서도) 꽤 안정적이다. 그러나 원두의 수요와 공급을 살펴보면 커피의 원료는 가격 변동성이 훨씬 크다는 걸 알 수 있다. 날씨, 병충해, 흉작, 카르텔 형성(가격 극대화를 위한 생산자의 공급 제한) 등 다양한 요인으로 수급이 널을 뛰기 때문이다.

이 그래프를 보면 1986년부터 1992년 사이에 원두 가격이 72% 하락했다. 이렇게 가격 내림세가 오래간 이유는 세계 각국에서 원두 생산을 확대해 시장 공급량이 늘었기 때문이다. 공급이 수요보다 훨씬 빠르게 증가한 까닭에 가격이 하락했다. 그러나 1992~1994년 사이에 악천후와 공급자의 카르텔로 공급량이 줄면서 원두 가격이 2배로 뛰었다.

수요와 공급의 법칙에서 핵심은 기업과 개인이 자신의 경제 자

1990년 재고가 바닥난 모스크바의 한 슈퍼마켓.

원을 어떻게 사용할지 결정력이 있다고 가정한다는 점이다. 구 소련 같은 계획 경제 체제에서는 가격이 수요와 공급으로 결정되지 않았다. 대신 중앙 정부에서 결정하고 공장들에 필요 생산량과 가격을 알려주었다. 이러한 계획 경제의 장점은 빵과 같은 기본 생필품 가격을 저렴하게 유지할 수 있다는 것이다.

그러나 중앙 계획 당국은 어떤 재화가 필요한지 정보가 부족하고 시장 상황이 변할 때 유연하게 대처하기 어렵다는 게 큰 문제다. 이는 공산주의 경제에서 흔히 나타나는 물자의 부족이나 과잉으로 이어지기 쉽다. 자유 시장 경제에서는 시장의 힘과 보이지 않는 손을 통해 기업과 개인이 무엇을, 어떻게, 누구를 위해 생산할지 결정한다. 시장은 소비자 행동과 공급량의 변화에 따라 끊임없이 진화한다.

알아두면 쓸모 있는 경제학 상식 사전

공급이 달리는 재화는 시장에서 상대적으로 희소해지므로 가격이 상승하고, 과잉 공급된 재화는 가격이 하락한다.

수요와 공급의 법칙은 매우 유용하다. 이 법칙이 없다면 경제는 훨씬 비효율적이고, 어떤 물건이 없어서 못 사는 일도 다반사일 것이다. 그러나 시장의 힘과 보이지 않는 손은 달갑지 않은 결과를 초래하기도 한다. 주거비를 예로 들면, 많은 청년에게 월세는 매우 비쌀 뿐 아니라 내 집 마련은 거의 불가능에 가깝다. 이는 시장의 힘이 가져온 불행한 결과다. 집은 공급이 제한적이나 수요는 계속 증가해서 집값 상승과 생활비 부담을 부채질한다. 2022년에는 가스비와 전기료도 공급 제한 때문에 급등했다. 이는 수요와 공급의 법칙이 현실에서 안타깝게 구현된 예로, 많은 저소득층의 삶의 질을 한층 더 저하시켰다.

05

무엇 하나는 반드시 잃는
기회비용

기회비용은 선택지에서 하나를 선택하며 놓치는 다른 하나의 가치를 말한다. 우리가 의식하든 못하든 인생의 모든 결정에는 일종의 기회비용이 따른다.

기회비용의 쉬운 예가 있다. 가령 친구들과 외출하면 집에 머물거나 일할 수 없다는 기회비용이 발생한다. 또 남은 100파운드로 음식을 사먹으면, 그 돈은 오락에 쓸 수 없다. 그러나 기회비용은 이렇게 실제 직면하는 금전적 비용보다 눈에 덜 띄는 경우가 많다.

어떤 사람이 내 집 장만을 위해 19만 파운드짜리 집과 20만 파운드짜리 집 중에 저울질하고 있다고 치자. 그는 가격 대비 어느 집이 좋은지, 더 비싼 집을 자신이 감당할 수 있을지 등을 따져볼 것이다. 그 외에 더 비싼 집을 구입하면 주택 개조를 하는데 1만 파운드를 추가로 쓸 필요가 없다는 점도 기회비용으로 고려해야 한다.

이번에는 누군가가 1만 5000파운드에 새 차를 구입했는데 몇 년 후 가치가 3000파운드로 떨어졌다고 가정하자. 이 차를 팔지 않고 계속 갖고 있는 경우의 기회비용은 얼마일까? 여기서 처음 구매 비용은

집을 구매할 때 기회비용은 구매를 포기한 다른 집의 가치다.

관련이 없다. 기회비용은 차를 팔아 얻을 수 있는 3000파운드에 불과하다. 구매가는 현재의 기회비용에 영향을 미치지 않는다.

매일 5파운드를 주고 맥주 두 잔을 마시는 사람이 있다고 가정하겠다. 어떻게 보면 일상의 소소한 즐거움에 비해 상당히 저렴한 가격 같다. 그러나 기회비용은 얼마일까? 더 양질의 음식이나 책을 구입하는 데 쓸 수 있었던 5파운드가 그 기회비용일 것이다. 매일 5파운드를 지출하는 대신 연 3% 이자를 주는 저축 상품에 예금한다고 생각해 보자. 3년 동안 매일 5파운드를 저축하면 5657.19파운드가 된다. 사람들은 매일 소액을 지출하면서 이런 기회비용을 별로 생각하지 않는다. 그래서 3년 동안 맥주를 마시지 않으면 약 6000파운드 상당의 새 차를 구입할 수도 있다. 하지만 역으로 생각하면, 항상 미래를 생각하며 절제하고 저축하는 생활의 기회비용은 인생에서 놓치는 작은 사치일 것이다. 술을 끊으면 친구들과 어울리는 시간이 줄어들 것이다. 혹은 3년 안에 6000파운드를 모을 수도 있었다고 생각하면 뒤늦게 손해 본 기분이 들 수도 있다. 이처럼 기회비용은 개인의 상황과 가치관에 따라 달라진다. 3년 동안 맥주를 끊으면 돈을 절약할 뿐 아니라 체중을 감량하고 건강도 좋아진다고 생각할 사람도 있을 것이다. 이런 사람은 매일 마시는 맥주가 금전적 비용뿐 아니라 건강에 미치는 영향 등 눈에 덜 띄는 기회비용도 만만치 않다고 생각한다.

가사도우미를 고용해야 할까?

시간당 10파운드를 버는 사람이 있다. 그가 가사도우미에게 시간당 20파운드를 지불한다면 손해다. 한 시간 청소에 따르는 기회비용은 직장에서 일하며 벌 수 있는 10파운드에 불과하며, 이는 가사도우미에게 줄 비용보다 적기 때문이다. 그러나 시간당 200파운드를 버는 기업 임원이라면, 한 시간 청소에 드는 기회비용은 일할 때 벌 수 있는 200파운드를 잃는 것과 같다. 따라서 기업 임원은 단순노동에 따

직접 청소하는 기회비용은 청소하는 데 쓰인 시간이다.

른 기회비용이 매우 높으므로 가사도우미를 고용하는 편이 합리적이다. 반대로 저임금 노동자는 그럴 형편이 못 된다.

정부의 기회비용

선거철에 정치인(및 유권자) 중 공약의 모든 기회비용을 꼼꼼히 따지려는 사람은 거의 없다. 정부가 감세를 약속할 때 어떤 직접적인 효과가 나타날지는 다들 바로 와닿는다. 그러나 감세가 초래할 기회비용은 눈에 잘 띄지 않으며, (예컨대 의료나 교육에 대한) 정부 지출을 줄이고 차입을 늘려야 하는 대가를 치러야 한다. 유권자들은 대개 정부가 세금을 낮추고 (자신들의 이해관계가 걸린 계획에) 지출을 확대해 주길 바란다. 그러나 이것이 어려운 이유는 낮은 세금과 지출 확대에 수반하는 기회비용을 무시할 수 없기 때문이다. 코로나19 팬데믹 동안 각국 정부는 기회비용 측면에서 어려운 선택을 해야 하는 상황에 직면했다. 국민의 건강을 지키는 동시에 개인의 자유와 경제 활동에 미치는 영향까지 고려해야 했기 때문이다.

정부는 전염병의 확산을 막기 위해 언제든 노동자에게 자가 격리를 명령할 수 있었다. 이는 감염자 수, 병상 가동률, 사망자 수를 줄인다는 장점이 있다. 그러나 기회비용은 개인의 자유 상실과 경제의 특정 부문, 특히 봉쇄령의 영향을 크게 받는 숙박업 등의 매출 타격이었다. 여기서도 기회비용의 시나리오는 양방향으로 작동한다. 전염병이 여전히 빠르게 확산 중인 상황에서 정부가 경제를 개방하면, 병원으로서는 감염 환자가 증가하는 비용이 발생한다. 또 암 환자 같은 사람들에게는 본인이 감염되지 않았어도 정작 위급한 질병을 치료받지 못하게 되는 기회비용이 따를 것이다.

코로나19 때 정부는 중대한 선택의 갈림길에 서야 했다. 자유로운 이동을 보장하고 얻는 기회비용은 환자 수의 증가였다. 반면에 바이러스 퇴치에 따른 기회비용은 개인의 자유 상실이었다.

알아두면 쓸모 있는 경제학 상식 사전

06

뿔뿔이 흩어져 만드는 아이폰

분업

분업은 노동자들이 각자 다양한 업무를 전문적으로 수행하는 방식을 말한다. 우리는 경제 내에서 만능이 되려고 애쓸 필요 없이 맡은 작업에만 전념하면 된다.

'인간이 척도다'

그동안 생산성과 생활 수준을 향상한 핵심 원동력은 분업이었다. 1000년 전에는 대부분의 사람이 스스로 식량을 재배하고 마련하며 자급자족했다. 옛날에도 제한적으로나마 분업이 있었지만, 특히 현대 경제에서는 분업이 굉장히 중요하다. 예를 들어 농부 한 명은 수천 명이 먹을 식량을 재배할 수 있다. 그동안 다른 작업자는 포장 디자인, 상품 운송과 멋진 메뉴를 개발하는 일에 열중한다.

분업의 장점은 노동자가 모든 공정을 섭렵할 필요 없이 특정 작업만 고도로 숙달할 수 있다는 것이다. 컴퓨터 같은 신문물은 복잡한 구성 부품으로 빼곡하다. 어떤 한 사람에게 무작정 컴퓨터를 만들어 달라는 건 불가능하다. 그러나 한 작업조가 칩 설계와 제작에 집중하고 다른 작업조는 프로그래밍에 전념하는 방식으로 작업을 분리하면 컴퓨터를 만드는 대장정을 완수할 수 있다. 요즘은 나날이 제품이 정교해져서, 분업도 자연스럽게 계속 확대되고 있다. 아이폰이 어디서 만들어졌는지 묻는다면 답은 '세계 이곳저곳'이 될 수 있다. 먼저 디자인은 미국 캘리포니아주에서 탄생했다. 터치스크린 기술은 미국, 이스라엘, 그리스에서 구축되었다. 본체를 조립하는 공장은 중국, 태국, 말레이시아에 있다. 이처럼 배터리부터 LCD 화면, 터치 ID까지 아이폰의 모든 구성 부품은 분업의 결과물이다. 한 분야를 전문으로 하는 회사가 있으면, 그 안에서 노동자는 각자 맡은 작업을 담당한다.

실제로 아이폰 제조 과정은 워낙 복잡해서 완제품을 만들기까지 투입되는 특수 부품과 인력의 양을 시각적으로 가늠하기 어렵다. 스

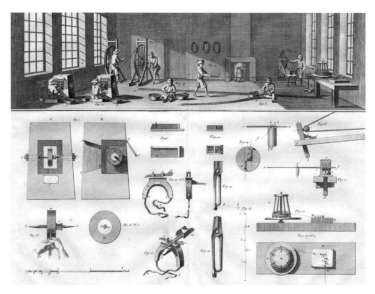

드니 디드로Denis Diderot가 1751~1766년에 쓴 《백과전서》에서 발췌한 애덤 스미스 시대의 핀 공장.

알아두면 쓸모 있는 경제학 상식 사전

미스는 1776년 자신의 저서 《국부론》에서 핀 공장 노동자들이 다양한 작업조로 나눠 일할 때 효율성이 크게 증가한다는 사실을 설명했다. 분업 이전에는 노동자가 핀을 만들려면 여기저기 돌아다니며 다양한 작업을 수행해야 했다. 그러나 조립 라인 체제

아이폰은 다양한 공정의 작업자 수천 명이 투입되는 매우 복잡한 제품이다.

에서는 노동자들이 핀 재료가 컨베이어 벨트를 타고 자기 앞에 왔을 때 금속을 펴고 자르고 핀 모양을 잡는 등 매우 단순한 작업을 한 가지씩 수행하게 되었다. 핀 공장은 대량 생산의 시초를 보여주는 사례다. 이후 대량 생산은 헨리 포드가 모델 T 자동차를 만들기 위해 조립 라인을 도입하면서 대중화되었다. 포드가 조립 라인을 최초로 도입한 사람은 아니지만, 직원들에게 매우 제한적이고도 특화된 작업을 맡기는 분업을 통해 엄청난 수익을 창출했다.

분업의 단점

옛날 자급자족하던 시절의 농부들은 그다지 효율적으로 일하지는 못했지만, 대신 스스로 식량을 재배하고 생산한다는 자부심은 강했을 것이다. 내 손으로 씨를 뿌리고 가꾸어 내 입으로 들어가기까지 하나하나 눈으로 확인할 수 있었으니, 본인의 일에 남다른 애착을 느꼈을 것이다. 그로부터 100년 후 현대식 조립 라인에서 일하던 핀 공장 노동자들은 소득이 100배 더 늘었을지언정 매일 금속 조각을 두

1913년 포드사의 조립 라인.

드리는 단조롭고 지루한 일만 하느라 성취감이 거의 없었을 것이다. 포드는 임금을 매우 높게 올려줘도 하나둘씩 떠나는 노동자들을 붙잡기에 역부족이라는 사실을 발견했다. 디자이너, 작가 등 창작 분야에 종사하는 사람들에게는 분업이 매우 매력적이고 가치 있는 일을 할 기회이지만, 다른 분야에 종사하는 사람들에게는 매우 지루하고 보람 없는 육체노동을 의미할 때가 많다.

규모의 경제

분업의 부수적 효과는 '규모의 경제economies of scale'를 창출한다는 것이다. 규모의 경제란 생산량이 증가할수록 평균비용이 감소한다는 의미다. 자동차 한 대만 생산하겠다면 대규모 조립 라인과 분업 시스템을 구축할 필요가 없다. 자동차를 대량 생산할 때만 1000명의 작업자로 조립 라인을 구성하고 고도로 전문화된 공장이 가치 있다. 현대 경제에서 분업이 확대된 이래 대량 생산과 대량 소비 추세가 가속화되었다. 생산량이 늘어날수록 노동력은 더욱 전문화된다. 또 노동력이 전문화될수록 생산 방식은 더욱 효율성을 띤다.

미래의 분업

기술이 계속 발전함에 따라 노동력은 점점 프로그래밍과 IT 개발 같은 고도의 숙련 직종으로 특화되는 추세다. 여전히 창고에서 상자를 포장하는 등 단순 반복 작업을 수행하는 노동자도 있지만, 이마저도 자동화되어 현재 인간이 수행하는 작업을 로봇과 드론이 점차 대체하고 있다. 따라서 노동자들은 물리치료사나 간호사처럼 로봇이 완벽히 따라 할 수 없는 직업으로 이동할 것이다.

07

좋은 것도 지나치면 물린다
한계혁명

어떤 경제든 재화, 서비스, 자원이 어떻게 수요에 대응해 공급되느냐에 따라 원활히 돌아가거나 그러지 않기도 한다. 그만큼 수요와 공급은 경제에 작용하는 중요한 힘이다.

한계margin는 경제학에서 중요한 개념이다. 이는 소비나 생산, 판매된 재화의 마지막 한 단위에서 추가로 얻는 효용이나 수익을 의미한다. 예컨대 한계비용은 어떤 재화 한 단위를 추가로 생산함으로써 총비용에 합산되는 비용이다. 한 레스토랑이 총비용 150파운드로 열 끼의 식사를 제공한다면 평균비용은 15파운드다. 그러나 열한 번째 식사를 제공하는 순간 총비용이 157파운드로 증가했다면, 그 열한 번째 식사의 한계비용은 단 7파운드다. 이는 식사 제공에 드는 평균비용과 큰 차이가 난다.

한계비용의 중요성
해상 풍력 발전소를 건설하려면 풍력 터빈을 설치하는 고정비용으로 수백만 파운드가 필요하다. 기업은 전력을 생산하기도 전에 10억

알아두면 쓸모 있는 경제학 상식 사전

풍력 에너지 생산의 한계비용은 매우 낮다.

파운드를 지출해야 할 수도 있다. 그러나 일단 터빈을 설치하고 나면 전력 생산의 한계비용은 비교적 낮다. 값비싼 재료를 투입하지 않아도 쉬지 않고 전기를 생산할 수 있기 때문이다. 약간의 유지 관리비는 들지만 주된 원료인 바람은 공짜다. 이에 반해 화력 발전소는 건설에 드는 고정비용도 높지만, 석탄도 수시로 구매해야 한다. 그러므로 화력 발전이 재생 가능한 자원보다 전력 생산에 따르는 한계비용이 더 높을 가능성이 크다. 이러한 한계비용의 차이는 에너지 정책에 있어서 중요하게 고려할 요소다. 재생 가능 에너지는 한번 기반시설에 투자하면 전력 생산의 한계비용이 낮기 때문이다.

한계비용을 이용한 가격 설정

기업이 가격을 결정하려면 평균비용뿐 아니라 한계비용도 매우 중요하게 고려해야 한다. 예를 들어 유로스타 열차에 팔리지 않은 좌석

열차를 운행할 때 추가 승객의 한계비용은 매우 낮다.

이 있다면, 이 좌석에 얼마를 매겨야 할까? 이 경우 중요한 고려 사항은 운행 서비스의 총비용이 아니라 승객 한 명이 추가될 때의 한계비용이다. 열차가 런던에서 파리까지 운행한다고 가정할 때 운행 비용은 열차가 비었든 가득 찼든 거의 같다. 반면에 한계비용이라면 이야기가 달라진다. 승객이 절반 정도 찬 이후에는 티켓의 추가 판매에 따른 한계비용이 아주 낮아진다. 물론 승객을 많이 태울수록 연료 소모량과 탑승 시간이 늘어날 수 있다. 하지만 이러한 한계비용은 비교적 미미하기 때문에, 유로스타는 저렴한 가격에라도 티켓을 막판까지 판매하는 편이 총이윤을 늘리는 데 도움이 된다.

그러나 수돗물처럼 성격이 완전히 다른 산업의 경우라면 한계비용은 어떻게 달라질까? 수돗물은 생산량을 늘릴수록 한계비용이 올라간다. 소량의 물만 필요한 한 마을이 있다고 가정해 보자. 이곳은 빗물을 공짜로 받아 쓸 수 있으니, 빗물의 한계비용이 낮다. 더 필요한 물은 지역 강물을 활용하면 된다. 그러나 수요가 계속 증가하면 강우량이 많은 지역에 큰 돈을 들여 저수지를 짓고 그 물을 파이프로 끌어와야 할 것이다. 따라서 수돗물 소비량이 늘어난다고 한계비용이 낮아진다는 생각은 오산이다. 뭔가를 본격적으로 대량 생산하려면 값비싼 기반시설이 필요하기 때문이다. 이것이 수자원 회사가

제번스는 한계효용 이론의 창시자 중 한 명이다.

수량계를 도입하는 이유다. 그래야 소비자가 물을 무제한으로 쓰지 못하고, 그들에게 사용한 만큼 요금을 부과할 수 있다.

한계효용

'한계효용marginal utility' 이론을 이끌어 낸 3인방으로 불리는 19세기 중후반에 경제학자 윌리엄 스탠리 제번스William Stanley Jevons, 레옹 발라Léon Walras, 카를 멩거Carl Menger 등은 모두 소비자 행동을 설명하는 이론을 고안했다. 그들은 개인이 소비를 결정할 때 해당 재화 한 단위를 추가로 소비함으로써 만족을 얼마나 얻을 수 있는지를 따진다고 주장했다. 그리고 이 만족의 정도를 가리켜 '한계효용'이라고 명명했다.

과유불급

예컨대 초콜릿을 정말 좋아하는 사람이 초콜릿을 달고 산다면 어떨까? 그의 한계효용(초콜릿의 한계 만족도)은 점점 달라질 것이다. 이번 주에 처음 먹은 초코바는 만족도가 높을 것이다. 자신을 위한 작은 호사인 셈 치고 달콤한 맛을 즐긴다. 그러나 첫 번째 초코바를 먹은 직후에 하나를 더 먹는다면 한계효용, 즉 만족감이 상당히 떨어질 것이다. 두 번째 초코바를 먹고 나면 이미 포만감을 느끼고 약간은 죄책감도 느낄 것이다. 따라서 무엇을 얼마만큼 구매할지 결정할 때 항상 재화의 한계편익을 고려한다. "좋은 것도 지나치면 물린다You can have too much of a good thing"라는 말은 아무리 좋아하는 것도 한계효용이 금방 떨어질 수 있다는 사실을 강조하는 속담이다. 초콜릿을 정말 좋아하는 사람도 입에 달고 살면 이내 질리고 만족도는 마이너스로 바뀔 것이므로 초콜릿을 삼시 세끼 전부 먹지 않는다.

가치의 역설

경제학에서 한계 분석의 중요성을 보여주는 좋은 예는 스미스가 고찰한 다이아몬드와 물의 가치다. 스미스는 경제학의 아버지로 널리 알려졌지만, 일상생활에 별로 중요하지 않은 다이아몬드가 그토록 비싼 이유를 이해하는 데 어려움을 겪었다. 한편 물은 필수재인데도 가격은 대체로 훨씬 저렴하다. 이 현상을 '가치의 역설'이라 하는데, 설명하자면 아주 간단하다. 스미스는 다이아몬드의 총가치와 한계 가치를 구별하지 못했다. 우리가 평생 다이아몬드를 구입할 일은 기껏해야 한두 번이다. 그래서 다이아몬드 결혼반지 한 개는 한계 가치가 굉장히 높다. 그러나 일단 한 개를 사고 나면 한계 가치는 급속

알아두면 쓸모 있는 경제학 상식 사전

다이아몬드와 물은 용도와 생산비에서 매우 큰 차이가 난다.

도로 떨어진다. 반면에 물은 한 단위를 구매 후 다음 날에도 한계 가치가 정확히 똑같다. 우리는 물 없이 생활할 수 없으므로 주기적으로 구입한다. 정리하자면 우리가 평생 물에서 얻는 총가치는 어쩌다 한 번 구입하는 다이아몬드에 비할 바 없이 높다. 하지만 다이아몬드 기업은 희소성 때문에 비싼 가격을 책정하고, 특별한 날이면 다이아몬드에 기꺼이 높은 가격을 지불하는 소비자 심리를 이용한다.

08

한계효용체감의 법칙은 소비가 증가할수록 한계효용이 감소한다는 뜻이다.

앞에서 언급했듯 처음 먹는 초코바는 상당히 만족감을 주지만, 두 번째 먹을 때부터는 쾌감이 훨씬 덜하다. 여기서 한계효용체감의 법칙은 초코바 첫입을 베어 무는 순간부터 시작된다. 이런 이유로 개인의 수요 곡선은 우하향한다. 수요의 법칙은 대부분 재화에 적용된다. 처음 소비 단위에서는 높은 효용을 얻으므로, 소비자는 기꺼이 높은 가격을 지불할 의사가 있다. 그러나 그다음 단위부터 효용이 별로 없다면, 소비자는 그 상품의 가치를 훨씬 낮게 매기고 그만큼의 가격을 지불하려 하지 않는다.

생산의 수확체감

체감의 법칙은 소비에서만 발생하는 게 아니다. 기업이 생산량을 늘리기 시작해도 한동안 수익이 감소한다. 일정량의 토지가 있는 농부가 있다고 가정하자. 비료를 이전보다 많이 사용하면 작물을 늘릴 수 있다. 비료를 처음 추가했을 때는 영양분 공급에 특효를 발휘해 수확량을 20%까지 늘릴 수 있을 것이다. 그러나 그 직후부터는 같은 양의 비료를 뿌려도 효과는 현저히 떨어져, 수확량이 가령 5% 정도 증가하는 데 그칠 것이다. 이는 작물이 필요로 하거나 흡수할 수 있는 양분에 한계가 있어서다. 즉 비료를 자주 사용하면 '수확체감'이 일어나는 것이다. 비료가 풍작에 도움을 주긴 하지만 무조건 많은 비료를 쓴다고 능사는 아니다. 농부는 수확량을 한층 더 늘리고 싶다면 다른 방법을 찾아야 한다.

수확체감의 법칙

수확체감의 법칙에서 중요한 전제 조건 중 하나는 다른 생산 요소가 불변으로 고정되어야 한다는 것이다. 한 카페가 주문을 더 빨리 처리하고 싶다면 종업원을 더 많이 고용하면 된다. 종업원이 많을수록 더 많은 손님에게 서비스를 제공할 수 있으니 말이다. 그러나 신규 종업원을 고용할수록 수확이 감소하는 시점이 온다. 카페 공간은 한정됐고, 많은 종업원은 서로 부대끼기 시작한다. 종업원을 대여섯 명으로 늘리면 카페 매출은 증가하지만, 증가세는 처음 두세 명의 종업원이 있을 때보다 훨씬 굼뜬 양상을 보이기 시작한다.

중요한 점은 장기적으로 업주가 카페를 더 크게 증축하고, 테이블 수를 늘리고, 서빙 공간을 넓힘으로써 수확체감을 극복할 수 있다는 것이다. 대형 카페는 기본 시설의 차원부터 다르므로 여섯 번째 직원을 고용한다고 해서 수확체감을 초래하지 않을 것이다. 대형 카페도 수확체감의 법칙을 피할 순 없겠지만, 직원을 가령 10명 이상이

카페의 종업원들. 추가로 고용했을 때 가치가 있는 종업원의 수는 한정되어 있다.

나 고용하기 전까지는 괜찮을 것이다.

수확체감이 시사하는 의미

수확체감의 법칙으로 인해 카페의 신규 직원이 추가로 제조할 수 있는 차가 단 몇 잔에 불과하다면 산출량에 따른 한계비용은 증가할 것이다. 가령 시급이 10파운드인 직원을 고용해 시간당 겨우 차 두 잔의 주문을 더 받는다면 한계비용은 5파운드다. 기존 직원도 시급은 똑같이 10파운드이지만 시간당 차 20잔의 주문을 받을 수 있다면 한계비용은 0.5파운드다. 따라서 이 카페는 새로운 비용 구조에 직면하게 된다. 기존 직원들만 있을 땐 매우 저렴한 인건비로 차를 팔 수 있었다. 그러나 다섯 번째 직원을 고용하는 순간, 한계비용이 5파운드로 매우 비효율적이어서 차를 팔면 팔수록 경제성이 떨어졌기 때문이다.

우리가 인지하지 못할 뿐, 살다보면 이런 수확체감의 법칙이 작용하는 영역이 많다. 시험공부는 처음 2시간 동안에 가장 집중이 잘된다. 하지만 밤늦게까지 안 자고 조금이라도 더 많은 정보를 머릿속에 집어넣으려 하면 밤샌 시간과 노력에 비해 보상은 줄어들 것이다.

돈과 수확체감

수확체감의 법칙은 소득과 부에도 적용할 수 있다. 무일푼 상황에서 1000파운드를 벌면 생활 수준을 향상하는 데 큰 보탬이 되므로 효용이 상당히 증가한다. 그러나 연간 5만 파운드를 벌고 있을 때는 1000파운드를 더 벌어도 효용이 훨씬 적게 증가한다. 물론 그 돈을 마다할 사람은 없을 테고, 이번 기회에 한턱낼 수도 있으니 효용이 약간 증가하기긴 한다. 다만 그 효용은 무일푼에서 얻는 1000파운드의 행복보다 훨씬 작다. 백만장자라면 이 1000파운드가 효용에 미미한 영향만 미칠 것이다. 소득이 100만 파운드인 사람은 1000파운드가 추가로 생긴다고 생활 수준이 눈에 띄게 달라지지 않을 수도 있다. 이 여분의 돈으로 무엇을 사겠다는 생각까지 미치지도 않을 것이다. 물론 은행 잔고가 늘어나는 소소한 기쁨은 느끼고, 효용은 어느 정도 증가할 것이다. 이처럼 우리는 돈을 더 많이 벌수록 한계효용체감의 법칙이 매우 강력하게 작용한다는 것을 알 수 있다.

여기서 누진세 제도를 정당화하는 강력한 논거를 도출할 수 있다. 백만장자는 세금을 1000파운드 가져가도 효용이 약간만 감소한다. 반면에 가난한 사람들에게는 소액만 지원해 줘도 효용이 크게 증가한다. 따라서 사회 내에서 소득을 재분배하면 소득 수준은 변함없더라도 총효용과 총만족도가 증가할 수 있다.

그러나 이 논거는 비판도 받고 있다. 누진세율이 과다하면 동기부여가 감소하므로 부자들이 일에서 손을 놓아 소득을 창출하지 않을 거라고 주장하는 사람들도 있다. 이것도 틀린 말은 아니지만 소득과 부에 대한 수확체감의 차이는 매우 불평등한 사회, 그리고 부가 효율적으로 사용되지 않아 사회 전체의 행복을 극대화하지 못하는 사회를 반영한다.

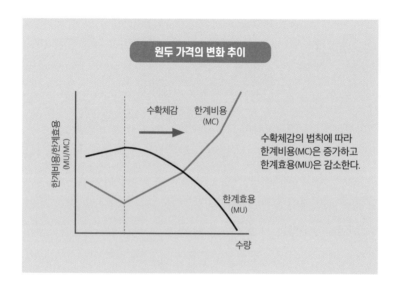

알아두면 쓸모 있는 경제학 상식 사전

09

얼마나 자유로운가
자유 시장

자유 시장은 정부의 개입이 거의 또는 전혀 없이 개인끼리 자발적으로 재화와 서비스를 교환하는 경제다.

자유 시장에서는 기업과 소비자가 무엇을 생산할지, 가격을 얼마로 정할지, 얼마만큼 구매할지 자유롭게 결정한다. 따라서 자유 시장은 자기 조절 능력이 있으며 외부에서 정부가 규제, 과세, 가격 통제 등으로 강제하지 않는다. 자유 시장의 장점은 자기 이익을 추구하는 사람들의 행동이 공익을 증진한다는 것이다. 애덤 스미스는 이렇게 설명했다.

> 우리가 저녁 식사를 기대하는 것은 푸줏간 주인, 양조업자, 제빵사가 자비롭기 때문이 아니라 그들이 자신의 이익을 추구하기 때문이다.
> — 《국부론》(1776)

기업은 이윤을 추구함으로써 소비자가 필요하고 원하는 상품을

스미스.

공급한다. 비효율적인 기업은 더 좋은 제품을 제공하는 다른 기업에 자리를 넘겨주게 된다. 이러한 '적자생존' 원리에 따라, 모든 기업은 꾸준히 혁신하고, 투자하며, 가능한 한 적은 비용으로 경영하려는 동기가 부여된다. 장기적으로 이는 역동적이고 효율적인 경제를 창출해 경제의 성장과 발전을 촉진한다. 일부 경제에서는 자유 시장과 반대로, 정부가 무엇을 생산할지 결정하는 중앙 계획 체제 방식을 실험해 왔다. 그러나 이러한 대안 체제는 장기적으로 한계에 직면하고 비효율성과 낭비를 면치 못할 때가 많다. 따라서 정도의 차이는 있으나 실제로 대부분의 경제는 자유 시장을 갖추고 있다.

고전적인 자유 시장

오래전 스미스 등 고전학파 경제학자들이 생각하는 자유 시장이란 독점 없이 생산자들의 경쟁이 보장되는 것이었다. 스미스는 독점 기업이 높은 가격을 부과하고 소비자, 노동자, 혹은 둘 다를 착취할 수 있다고 믿었다. 경쟁이 없다는 것은 재화와 서비스가 진정 자유롭게 거래되지 않는다는 뜻이므로 이때는 소비자와 노동자를 착취로부터 보호하기 위해 정부가 시장에 개입해야 할 필요도 있다.

자유방임주의

자유지상론적 자유 시장주의는 정부 개입이 제한되거나 전혀 없어야 한다는 관점이다. 이 관점에 따르면 정부는 기업이 독점력을 행사해도 간섭하지 말아야 한다. 이는 자유방임주의 경제학laissez-faire economics(문자 그대로 개입이 없다는 뜻) 개념과 관련이 있다.

자유 시장과 자본주의는 떼려야 뗄 수 없는 관계다. 두 용어는 가리키는 대상이 다르지만, 흔히 같은 의미로 혼용된다. 자본주의는 토지, 자본, 기업의 사유화를 중시하는 경제 체제다. 따라서 자유 시장 자본주의는 사유 재산제와 기업의 사적 소유권을 보호할 때는 정부 개입이 필요하지만, 개별 시장 규제에는 정부가 '불간섭'해야 한다는 접근 방식을 취한다. 자유 시장 자본주의는 경제 효율성과 고성장으로 이어지지만, 정부 규제와 세금이 없이는 결국 자본가가 독점력을 누리고 지대地代를 추구하는 매우 불평등한 사회가 되기 쉽다.

사회주의적 자유 시장주의

다른 한편으로 일부 학자들은 자본주의 모델이라고 해서 딱히 자유 시장이 보장되는 것은 아니라고 주장한다. 독점 기업이 시장 지배력을 이용해 경쟁업체를 밀어내고 독점 이윤을 굳건히 지키기 때문이다. 이처럼 실제로 사회주의적 자유 시장주의라는 관점도 존재한다. 시장은 수요와 공급의 시장 논리에 맡기되, 생산 수단의 소유권은 소수의 자본가가 아닌 전체 인구가 공유한다는 입장이다. 이 모델이 작동하려면 기업이 협동조합 형태이거나, 공공재 재원을 마련하기 위해 사기업에 이윤세를 매겨야 한다. 여기서 시장은 자유롭게 움직이지만 시장 활동으로 인한 수익은 더 공평하게 분배된다. 즉 자유 시장의 장점을 유지하면서 사유 재산제, 불평등, 독점력의 폐단을 해소하려는 시도다.

자유 시장에서는 기업과 소비자의 상호 작용으로 가격이 정해지며, 이론상으로나마 경쟁적인 상업 환경이 조성된다.

그러나 사회주의적 자유 시장주의는 자유방임주의 학자들에게서 비판받고 있다. 정부가 자원 소유권에 관여하자마자 정상적인 시장의 유인을 왜곡하고 필연적으로 소득과 재화의 분배에 개입할 것이라는 이유에서다.

실제로 대부분 경제는 자유 시장과 정부 개입이 혼합되어 있다. 정부는 재화의 분배는 가능하면 시장 논리에 맡기지만, 종종 외부 효과 규제나 극심한 불평등 완화, 공공재 공급(예를 들어, 자유 시장에서 불충분하게 공급되는 의료, 교육 등)을 위해 개입한다.

10

독점

독점은 한 기업이 시장을 장악하는 것이다. 예를 들면 수도, 철도, 페이스북 등이 있다.

순수 독점은 시장 점유율이 100%인 기업을 가리키지만 실제로는 시장 점유율이 25%를 넘는 기업은 독점력이 있다고 보는 편이다. 독점 기업은 가격을 더 높게 매기고, 공급량을 제한하며, 시장 지배력을 이용해 공급자로부터 싼값에 납품받고 경쟁사의 진입을 저지할 수 있다. 독점은 이러한 이유로 곱지 않은 눈초리를 받거나 정부의 규제 대상이 되기 일쑤다. 하지만 특정 산업에서는 이 모든 단점을 상쇄할 독점의 필요성도 존재한다.

독점력은 더 많은 이윤을 얻기 위한 지름길이므로 대부분의 기업은 독점이 되고 싶은 마음이 간절할 것이다. 그러나 독점이 되려면 상당한 진입 장벽이 필요하다. 가장 흔한 진입 장벽은 규모의 경제에서 비롯된다. 거대 기업이 낮은 평균비용으로 이득을 누릴 때, 신규 기업은 진입의 승산이 희박하다. 예컨대 항공우주 산업은 막대한 고정비용이 든다. 새 비행기를 건조하려면 수십억 달러를 투자해야 한다. 바로 이 때문에 '보잉'과 '에어버스'라는 두 대기업이 항공우주 시장을 꽉 잡고 있다. 규모가 작은 기업일수록 평균비용이 훨씬 높기 때문에 신규 기업은 시장에 진입하기 어렵다.

오늘날 독점으로 성공한 기업 중 하나가 '아마존'이다. 그들은 처리 물량이 워낙 방대해 자체적으로 익일 배송 서비스를 시행하는 게 효율적이었고, 그렇게 해서 성공을 거뒀다. 이러한 아마존의 독점력과 높은 시장 점유율 때문에 다른 기업은 경쟁에 있어서 명함도 못 내민다. 새로운 경쟁 기업이 등장해도 아마존의 인프라 규모와 범위를 따라잡기 어려울 것이므로, 아마존은 계속해서 독점력을 유지할 수 있다.

그 외 진입 장벽으로는 정부의 우편 사업 독점 등에서 볼 수 있는 '법적 진입 장벽'이 있다. 그리고 중요한 원자재에 소수 기업만 접

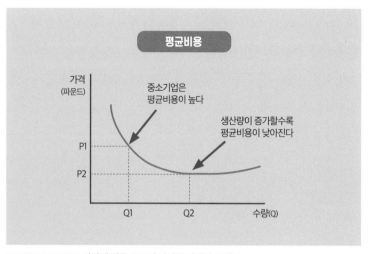

LRAC(장기 평균비용) 하락에 따른 규모의 경제를 나타낸 그래프.

알아두면 쓸모 있는 경제학 상식 사전

소수의 대기업이 다양한 브랜드를 소유하고 있다.

근할 수 있는 '지리적 장벽', 주요 공급망을 소수 기업이 거머쥐고 있는 '수직적 통합'도 있다. 많은 진입 장벽은 각 기업의 통제 범위 밖에 있지만, 기업은 광고와 강력한 브랜드 충성도 구축 등의 방법으로 스스로 독점력을 창출하기도 한다. 예컨대 유니레버와 P&G는 광고에 수십억 달러를 투자하여 다양한 유형의 분말 세제에 강력한 브랜드 충성도를 구축해 왔다. 또한 그들은 자사 제품군이 경쟁 관계에 있다는 착각을 불러일으키려고 광고를 활용한다. 이를테면 아리엘Ariel, 볼드Bold, 치어Cheer, 다즈Daz, 드레프트Dreft, 타이드Tide, 이어러Era 같은 유명 분말 세제 브랜드는 모두 P&G라는 한 기업의 제품이다. 이들 제품군을 광고하고 브랜드 충성도를 확보해 두면 경쟁업체의 시장 진입을 더 수월하게 막을 수 있다.

독점의 문제점

독점의 가장 큰 문제는 기업이 시장 지배력을 이용해 가격을 높게 책정할 수 있다는 것이다. 수도 요금이 오르면 소비자는 오른 대로 지불하거나 물을 이용할 수 없거나 둘 중 하나다. 또 매일 기차로 출퇴근하는 직장인에게는 철도 업체를 선택할 여지가 없다. 따라서 독점은 소비자를 압박해 이윤을 극대화할 수 있다. 이는 특히 가스, 전기, 휘발유 같은 필수재라면 더욱 문제가 된다. 게다가 대형 마트처럼 독점력이 있는 기업은 구매에서도 독점력을 행사할(수요독점monopsony이라고 함) 가능성이 높다. 이는 공급업체에 마진이 별로 남지 않는 비용을 지불함으로써 그들을 압박할 수 있음을 의미한다. 예컨대 낙농업계에서는 대형 마트가 우유나 버터 같은 식품 가격을 마음대로 결정한다고 불평해 왔다. 이러한 독점력으로 마트는 공급자로부터 물건을 헐값에 사서 소비자에게 비싸게 되팔아 이윤을 곱절로 챙길 수 있다. 이 때문에 독점의 사회적 문제를 강하게 우려하는 목소리도 있다. 독점이 존재하면 소비자와 공급업체의 소득이 독점 기업의 주주에게로 재분배된다. 결국 사회는 더욱 불평등해진다.

독점의 비효율성

독점의 또 다른 잠재적 문제는 기업이 고이윤을 쉽게 챙길 수 있는 구조여서 비용 절감, 신제품 개발, 양질의 고객 서비스에 대한 유인이 부족할 수 있다는 것이다. 식당이든 주유소든 어떤 마을에 사업체가 한 군데밖에 없다고 가정해 보자. 업종을 불문하고 이런 업체는 소비자에게 선택의 여지가 없으니 고정 수익은 떼어 놓은 당상이다.

그러나 다른 경쟁업체가 나타나기 시작하면 고객을 뺏기지 않기

우편 사업은 대개 독점이다.

위해 더 나은 서비스와 고품질 제품을 제공하려는 유인이 훨씬 강해질 것이다. 이것이 규제 완화를 정당화할 때 쓰이는 논리다. 과거에는 전기, 가스, 우편 서비스의 공급업체가 단 한 곳뿐이었다(법적 독점). 그러나 미국, 영국, 유럽국 등의 정부들은 효율성 향상과 소비자 가격 인하를 촉진하기 위해 이들 시장에 경쟁을 도입하고자 했다.

독점의 이점

독점은 물론 평판이 안 좋지만, '필요악'으로 작용할 때도 있다. 예를 들어 식수 산업을 떠올려 보자. 전국의 모든 가정에 수돗물을 공급하려면 단 한 군데의 회사와 기반시설이 전담하는 편이 합리적이다. 이 회사와 경쟁하겠다고 다른 회사가 수도관 시설을 또 설치한다면 엄청난 낭비이며 비효율적이다. 수도 사업은 전기나 철도와 마찬가지로 경제학자들이 '자연 독점'으로 꼽는 대표적인 산업이다. 자연 독점은 기업의 수가 하나여야 가장 효율적이지, 둘 이상이면 비용이 상

철도 사업은 한 노선을 두고 여러 기업이 경쟁하는 게 거의 불가능하다.

당히 불어난다. 이럴 땐 중첩된 여러 기업이 비용을 잡아먹으니, 비록 값을 비싸게 받긴 해도 독점 기업 하나만 있는 편이 낫다.

독점의 또 다른 장점은 고이윤이 보장된 덕에 연구 개발에 투자할 여력이 있다는 것이다. 한 예로 에너지 기업들은 매우 짭짤한 이윤을 남기지만, 이론상으로나마 그중 일부를 풍력 발전 단지 같은 신재생 에너지 시스템에 재투자한다. 이윤의 상당 부분이 주주들에게 배당되기도 하지만, 그만큼 독점 이윤이 없다면 미래에 더욱 중요해질 새로운 형태의 에너지 개발에 아낌없이 투자하기 어려울 것이다.

또한 일각에서의 주장과 달리, 독점이 무조건 비효율적이기만 한 것은 아니다. 오히려 혁신적, 역동적, 효율적이었기 때문에 독점력을 획득했을 가능성도 있다. 구글이나 아마존 같은 요즘 독점 기업들은 다른 기업이 경쟁에서 적수가 되지 못할 재화나 서비스를 만들었다. 이처럼 경영 구조가 잘 잡힌 독점은 효율성과 역동성을 잃지 않는다.

알아두면 쓸모 있는 경제학 상식 사전

11

일종의 전략 기술
게임 이론

게임 이론은 다른 개인이나 기업의 행동에 따라 다양한 결과가 가능한 상황에서 의사 결정을 내리는 과정을 다룬다. 게임 이론은 일종의 전략 기술이며 경제학의 여러 영역에서 응용된다.

가격 전쟁

한 기업이 가격을 얼마로 정할지 고민 중이라고 가정하자. 한 대형 주유소 업체가 시장 점유율을 확보해 더 많은 이윤을 얻으려고 가격 인하를 고려하고 있다. 하지만 가격 인하 여부는 경쟁사의 반응에 따라 결정된다. 경쟁사들이 이후로도 당사의 가격을 그대로 둔다면, 먼저 가격을 인하한 기업은 이윤이 상당히 증가할 테고 결과적으로 가격 인하가 옳은 결정일 것이다. 그러나 경쟁사들이 가만히 눈 뜨고 당할 리는 없다. 가격 선도자에게 시장 점유율과 이윤을 빼앗겨 손해를 보면 안 된다고 판단할 것이다. 따라서 덩달아 가격을 인하한다. 이런 식이면 가격 선도자는 완전히 다른 결과를 맞게 된다. 가격을 낮췄지만 시장 점유율이 증가하지 않아 이윤만 줄어든다. 그러므로 결정에 앞서 경쟁사가 어떻게 반응할지 파악하는 것이 매우 중요하다.

과점(소수 기업이 시장을 지배하는 구조) 기업들은 가격 인상과 생산량 제한에 합의하고 결탁하려는 유혹에 빠지기 쉽다. 이렇게 경쟁사들이 다 같이 가격 인상에 동의하는 담합은 경쟁력은 잃지 않으면서 더 높은 가격이 보장되므로 가격 설정의 불확실성을 제거한다. 이것이 바로 석유수출국기구OPEC와 같은 카르텔의 논리다. 그들은 업계의 이익을 극대화할 가격을 설정하고자 한다. OPEC은 글로벌 카르텔이지만, 각국의 국내 시장에서는 정부가 공익에 어긋난다는 이유로 카르텔과 담합을 법으로 금지하는 게 일반적이다. 기업들의 담합혐의가 확정판결을 받으면 거액의 벌금이 부과될 수 있어, 이는 담합의 유인을 떨어뜨린다.

가격 전쟁(d)은 가격 유지(a)보다 훨씬 낮은 이윤을 얻게 한다

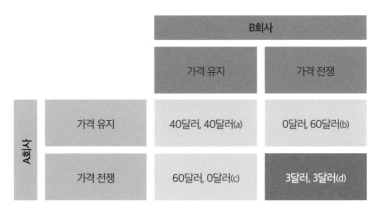

		B회사	
		가격 유지	가격 전쟁
A회사	가격 유지	40달러, 40달러(a)	0달러, 60달러(b)
	가격 전쟁	60달러, 0달러(c)	3달러, 3달러(d)

기업은 가격을 그대로 유지할지 가격 전쟁을 개시할지 결정해야 한다.

내시 균형

내시 균형은 게임 이론에서 나타나는 특정 결과 중 하나로, 어떤 행위자도 결정을 바꾸면 현재보다 나은 결과를 얻을 수 없는 경우를 말한다. 즉 내시 균형에서 각 기업은 아쉬움이 없는 상태다. 따라서 두 기업이 내시 균형에 있다면 둘 다 가격을 안정적으로 유지한다. 둘 중 하나가 가격을 올리면 그 기업은 시장 점유율과 이윤을 잃는다. 반대로 한쪽이 가격을 낮추면 가격 전쟁이 시작되고 둘 다 이윤을 잃는다. 따라서 두 기업 양쪽에 최선의 선택은 가격을 그대로 놔두는 것이다. 이것이 주어진 선택지 중 최선의 결과다. 그러나 내시 균형이 반드시 가능한 최선의 결과라고 볼 순 없다. 두 기업이 함께 가격 인상에 동의한다면 가격을 그대로 유지하는 것보다 (기업들에는) 훨씬 좋다. 하지만 가격을 같이 올리자고 경쟁사를 설득하지 못할 바에야, 가만있는 것이 최선의 선택이다.

게임 이론과 비합리적 행동

게임 이론은 통상 기업이 합리적으로 행동하고, 행위자가 효용(이윤, 만족도 등)을 극대화하는 결정을 내린다고 가정한다. 그러나 현실 세계에서는 몇 가지 다른 요소도 고려해야 한다. 예컨대 어떤 기업의 사장은 세간의 이목을 끌려고 뭔가 극적인 일을 벌이고 싶다고 생각할 수 있다. 그래서 이윤이 줄어들더라도 일부러 가격 전쟁을 개시할 수 있다. 또한 더 낮은 이윤을 감수하는 것은 비합리적인 게 아니라 실은 (종국에는 이윤을 극대화하기 위해) 다른 목표를 극대화하는 노림수일지도 모른다. 어떤 기업은 비록 처음에는 출혈이 발생하더라도 시장 점유율을 최대한 빼앗아 오는 것이 최종 목표일 수 있다. 이렇게 시장 점유율을 계속 넓히려고 당장의 영업 손실을 감수하는 것이 바로 아마존이 수년 동안 해온 전략이다.

게임 이론의 또 다른 한계는 협력과 같은 이타적 동기, 혹은 반대로 너 죽고 나 죽자는 식으로 경쟁자들을 해코지하려는 악의적 동기를 설명하지 못한다는 점이다. 예컨대 전쟁은 특히 현대에 들어와서 엄청난 비용을 수반하므로, 게임 이론 논리에 따르면 전쟁을 시작할 이유가 없다. 그러나 2022년 2월, 러시아 대통령은 바로 그런 선택을 했다.

무역 전쟁

경제적 측면에서 게임 이론에 반하는 비논리적 선택의 한 예는 무역 전쟁이다. 무관세 자유무역은 두 교역국 쌍방에 누이 좋고 매부 좋은 결과로 이어질 것이다. 그러나 때로는 한 국가가 전반적인 경제 후생의 손실을 감수하더라도 무역 전쟁을 개시하려 하기도 한다.

2022년 3월의 키예프. 게임 이론에 따르면 전쟁을 시작할 이유가 없지만 전쟁은 끊이지 않는다.

게임의 반복

또한 게임 이론은 그 전략이 한 번의 게임인지, 여러 번 반복되는 게임인지에 따라 결과가 달라진다. 예컨대 신규 기업이 시장에 진입하면 시장 점유율을 확보하려고 가격을 낮게 매길 수 있다. 단기적으로는 기존 기업도 가격을 인하해 대응한다. 따라서 한동안 소비자는 저렴해진 물건값으로 이득을 본다. 그러나 기업들은 시간이 지날수록 가격 전쟁은 제 살 깎아 먹기일 뿐, 점차 가격을 올려야 수익성이 높아진다는 사실을 깨닫는다. 따라서 기업들은 가격 경쟁을 하는 기간이 길어질수록, 공멸로 향하는 가격 전쟁에서 벗어나고 싶어 한다. 한편 같은 상품을 더 싸게 파는 다른 곳을 찾으면 차액을 환불해 주는 '최저가 보장price match'을 약속하는 기업도 있다. 소비자에게 좋은 것처럼 보일지 모르지만, 실은 기업이 가격 전쟁을 영악하게 억제하는 방법이다. 이 기업은 경쟁사에 당신들이 가격을 인하하면 우리도 똑같이 인하할 테니 아무 소용없다는 메시지를 전하는 셈이다!

12

마음을 움직이게 하는

가격 전략

기업은 가격을 어떻게 책정할까? 비행기 티켓값은 왜 날마다 바뀔까? 최저가 보장은 마냥 좋은 것일까?

먼저 기업은 다양한 동기에 따라 가격을 정한다. 이윤 극대화를 원하는 기업도 있고, 시장 점유율 극대화를 꿈꾸는 기업도 있다. 예컨대 아마존은 몇 년간 시장 침투력을 강화하겠다는 목표에 집중해 가격 전략을 세웠다. 시장 점유율과 충성도 높은 단골을 확보하려고 가격을 가능한 한 낮게 유지했다. 몇 년간 수익이 전혀 나지 않았지만, 꾸준히 시장 점유율을 높인 끝에 온라인 쇼핑업계를 장악했다. 그리고 일단 시장 지배력이 확고해지자, 가격 전략을 선회해 이윤을 늘릴 수 있었다.

시장 구조

가격 전략을 결정하는 또 다른 핵심 요소는 기업이 직면한 시장 구조다. 시장 경쟁이 치열하고 소비자에게 선택의 폭이 매우 넓다면, 기

알아두면 쓸모 있는 경제학 상식 사전

잉크 카트리지는 대개 프린터보다 수익성이 좋다.

업은 점유율을 잃지 않으려고 아주 낮은 가격을 책정할 수밖에 없다. 그러나 완전히 반대편에 있는 독점 기업은 자사 제품의 수요가 비탄력적이라는 점을 이용해 가격을 인상하기 훨씬 쉽다. 그래서 애플이나 철도 회사 같은 독점 기업은 가격을 올려도 소비자를 별로 잃지 않는다.

다양한 유형의 전략

기본적인 가격 전략 외에도 기업이 고객을 유치하고 이윤을 늘릴 방법은 다양하다. 때로 기업은 고객을 매장으로 유인하려고 파격가에 물건을 판다. 예컨대 한 슈퍼마켓이 구운 콩 통조림을 7펜스에 팔면 뉴스거리가 되고 많은 관심을 끌 것이다(1994년에 실제 있었던 일이다). 그러면 구운 콩을 싸게 사려고 이곳을 처음 찾은 고객들은 결국 이것저것 다른 물건도 장바구니에 담게 된다. 여기서 구운 콩은 미끼 상품loss leader이다. 일부 상품을 밑지고 팔아 다른 상품으로 이익을 취하는 것이다. 비슷한 예로 프린터와 잉크가 있다. 품질 좋은 프린

와인은 프리미엄 제품임을 강조하기 위해 가격이 높게 책정되기도 한다.

터를 50파운드에 판다면 얼핏 매우 저렴해 보이지만, 소비자는 25파운드짜리 잉크 카트리지도 같이 사야 한다. 어느 것이 프린터 기업의 효자 상품인지는 불 보듯 뻔하다.

한편 완전히 반대편의 다른 예로 일부 기업들은 프리미엄 제품을 강조하려고 일부러 고가를 내세운다. 어떤 레스토랑은 매우 고가의 프리미엄 와인을 판매해 자신들이 고급 레스토랑이라는 인상을 준다. 그러면 고객은 이곳에서 비교적 저렴한 하우스 와인을 구매하고는 괜찮은 가격에 잘 샀다고 만족한다.

가격차별

기업들이 가격을 결정할 때 가장 큰 어려움은 고객마다 성향이 다르다는 것이다. 어떤 고객은 주머니 사정이 넉넉해서 가격이 올라도 신경 쓰지 않는다. 또 어떤 고객은 가격 변동에 매우 민감해서 가격이 조금만 올라도 더 가격 대비 성능이 좋은 제품이 없는지 두리번거린다. 바로 이 이유로 몇몇 기업은 시장을 여러 부문으로 구분해 다양한 소비자 집단에 따라 각기 다른 가격을 책정한다. 가장 기본적으로 학생이나 연금 수급자에게 10% 할인을 제공할 수 있다. 논리는 단순한데, 이 집단은 소득이 낮고 가격 인하에 쉽게 반응하기 때문이다. 이 기업이 모두에게 10% 할인해 주면 밑지는 장사겠지만, 학생과 연금 수급자의 특정 집단만 선별해 할인해 주면, 이들 사이에서 판매량이 증가하고 나머지 고객에게는 비교적 높은 가격을 그대로 받을 수 있다.

그렇다고 아무 기업이나 가격차별을 시행할 수 있는 것은 아니다. 어느 정도 시장 지배력과 시장 분리 능력이 받쳐줘야 한다. 기업으로서는 소비자의 소득 수준에 따라 가격차별을 하는 게 이상적이겠지만 현실적으로는 불가능하다. 그래서 주로 연령 같은 포괄적 기준으로 고객군을 구분한다. 아니면 재화의 소비량과 결부하는 방법도 있다. 예컨대 가스나 전기를 이용할 때 처음 100단위 정도는 꽤 비싸지만, 이용량을 늘릴수록 가격이 낮아지는 경향이 있다. 이는 처음 100단위는 우리에게 꼭 필요하지만(수요가 비탄력적), 그 이상의 이용량부터는 대체재를 찾거나 전기를 쓰지 않을 수 있기 때문이다(수요가 탄력적). 가스나 전기 회사는 이러한 가격 전략으로 수익을 극대화한다.

가격차별과 비슷하게 '가변적 가격 책정dynamic pricing'이란 개념이 있는데, 최근 항공사와 철도 회사에서 점점 자주 사용하고 있는 전략이다. 이는 시장 수요가 변화할 때마다 일일이 대응할 수 있는 정교한 가격 설정법이다. 항공사는 가능한 한 높은 가격에 모든 티켓을 판매해 매출을 극대화하고 싶어 한다. 비수기에는 티켓값을 내려 수요를 촉진한다. 반대로 매진이 임박한 성수기에는 매우 높은 티켓값도 지불할 의향이 있는 고객만이 남은 티켓을 가져갈 수 있을 정도로 가격을 인상한다. 티켓을 예약할 때 보면 고객에게 가장 내키지

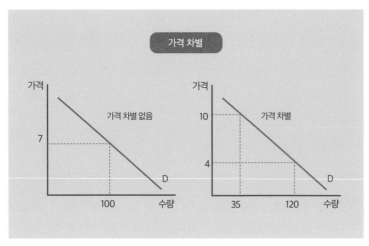

가격 차별이란 같은 상품에 다양한 가격을 매겨 판매하는 것이다.

않는 시간대인 오전 6시나 오후 11시 항공편이 가장 저렴하다는 걸 알 수 있다. 이는 간단히 말해 가변적 가격 책정이 적용된 예다. 고객으로서는 피크시간대에 여행하는 것이 더 좋기 때문에, 그 시간대 티켓은 잘 팔리는 만큼 가격도 올라간다.

가격차별의 변종으로 가격 스키밍price skimming이라는 것도 있다. 유명 기업이 신제품을 출시할 때 종종 써먹는 방법이다. 제품의 수요가 높을 경우, 기업은 높은 가격도 기꺼이 지불할 의향이 있는 충성 소비자를 겨냥해 높은 가격을 매길 수 있다. 그러나 가성비가 괜찮다고 느낄 때만 이 제품을 구입할 소비자까지 저변을 확대하려면 언젠가는 가격을 낮춰야 할 것이다. 엑스박스나 아이폰의 신모델이 이런 예다.

어떤 기업이 동종 분야의 경쟁사와 비교해 최저가 보장을 약속하는 관행은 매우 흔하다. 같은 상품을 더 저렴하게 파는 다른 곳을 발

좌석마다 승객이 생각하는 가치가 다르므로 가격이 각기 다르게 책정된다.

견하면 차액을 환불해 주겠다는 것이다. 소비자들로서는 싸게 살 수 있는 절호의 기회라는 기분이 든다. 그러나 이는 기업 간의 가격 경쟁을 억제하는 방법이다. 한 가격 선도 기업이 최저가 보장을 시행하고 있다면, 다른 기업들로서는 가격을 인하할 유인이 거의 없다. 어차피 가격 선도 기업도 덩달아 인하할 것이기 때문이다. 따라서 가격 전쟁을 시작하지 말고 가만히 현상 유지하는 것이 모든 기업에 이득이다. 한마디로 가격 선도 기업은 경쟁사가 가격을 인하하면 우리도 똑같이 하겠다고 공언한 셈이다. 이렇게 기업들은 다 같이 패할 것을 알기 때문에 가격 전쟁을 개시하지 않는다. 게다가 덤으로 고객은 자신들이 물건을 잘 샀다고 생각한다!

13

왜 코카콜라는 광고에
수십억 달러를 쏟을까
탄력성

탄력성은 가격이나 소득의 변화에 수요량이 반응하는 정도다. 한 재화의 탄력성과 비탄력성은 가격을 설정하고 소비자 행동을 설명하는 데 결정적 영향을 미친다.

가격이 상승하면 수요량이 감소한다는 건 익히 예상되지만, 문제는 얼마나 감소하느냐다. 그 정도를 측정하는 게 탄력성이다. 가격이 올라도 사람들이 계속 사는 재화는 무엇이고, 대체재로 눈을 돌리는 재화는 무엇일까?

휘발유 가격이 10% 상승했을 때 수요량은 1%만 하락한다고 치면, 휘발유의 수요는 가격에 비탄력적이다. 즉 수요가 가격 변화에 별로 크게 반응하지 않는다. 반면에 피아트 푼토 자동차의 가격이 10% 올랐다고 가정하면 해당 모델의 수요량은 15% 감소할 수 있다. 자동차는 소비자가 고를 수 있는 대체 모델이 꽤 많기 때문이다. 하지만 휘발유는 가격이 올라도 휘발유 자동차를 가진 사람들은 계속 구입하는 수밖에 없다.

비탄력적 수요

가격의 변화율보다 수요량의 변화율이 더 작은 경우, 이 재화의 수요는 가격에 비탄력적이라고 한다.

비탄력적 재화는 대체재와 경쟁재가 거의 없는 편이다. 또한 이들은 생활에 없어선 안 될 필수품이거나, 없으면 소비자가 못 견디는 상품이 대부분이다. 예컨대 담배 중독자는 담뱃값이 오른다고 해서 금연하는 것은 아니므로 담배의 수요는 상당히 비탄력적이다.

탄력적 수요

가격 변화율보다 수요량 변화율이 더 크면 이 재화의 수요는 가격에 탄력적이다.

가격 변화에 민감하게 반응하는 재화는 대개 대체재가 많다. 이를테면 분말 세제는 한 브랜드의 가격이 비싸다 싶을 때 다른 브랜드로 전환하기 쉽다. 파인애플도 가격이 오르면 대부분의 소비자는 다른 과일을 사먹을 것이다. 또한 해외여행과 같이 해당 재화나 서비스의 가격이 소득에서 큰 비중을 차지하면, 가격이 오를수록 감당하기 어려워져서 수요의 가격 탄력성이 상당히 크다고 볼 수 있다.

$$\text{수요의 가격 탄력성(PED)} = \frac{\text{수요량의 변화율(\%)}}{\text{가격의 변화율(\%)}}$$

애플의 신제품을 사려는 소비자들이 매장 밖에 줄을 서 있다. 브랜드 충성도가 견고한 제품의 수요는 가격에 비탄력적이다.

탄력성이 중요한 이유

기업은 자사 제품의 수요가 가격에 비탄력적이어야 유리하다. 그래야 소비자를 많이 잃지 않으면서 가격을 높게 잡아 이윤을 올릴 수 있다. 코카콜라는 왜 매년 광고에 수십억 달러를 쓸까? 바로 수요의 가격 탄력성을 비탄력적으로 만들기 위해서다. 강력한 브랜드 충성도를 구축하면 대부분의 소비자가 다른 제품으로 눈을 돌리지 않게 붙잡을 수 있다. 코카콜라 가격이 마트의 자체 브랜드 콜라보다 비싸더라도, 소비자는 여전히 돈을 더 주고 코카콜라를 산다.

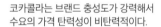

코카콜라는 브랜드 충성도가 강력해서
수요의 가격 탄력성이 비탄력적이다.

알아두면 쓸모 있는 경제학 상식 사전

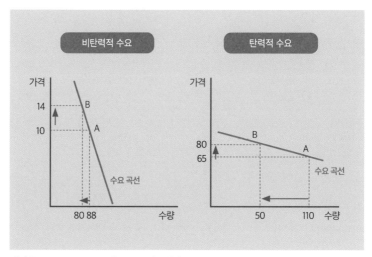

가격은 40% 오르고, 수요량은 10% 감소했다. PED = -10/40 = -0.25

또 다른 관련 개념으로 주세와 담뱃세가 있다. 정부는 왜 이 세금을 올리려고 할까? 술과 담배를 '비가치재demerit goods' 내지 '죄악 상품sin goods'으로 간주하는 것도 한 이유다. 그러나 또 다른 이유는 이들의 수요가 비탄력적이기 때문이다. 정부가 담뱃세를 인상해도 수요량은 대체로 미미하게 감소한다. 이 세금의 부담은 대부분 소비자에게 전가되므로 정부의 세수입은 많이 증가한다.

시간의 경과에 따른 탄력성

천연가스 가격이 50% 상승한다고 가정하면 수요량에 어떤 영향을 미칠까? 대부분의 소비자는 (중앙난방 온도를 낮춰서) 소비를 다소 줄이겠지만, 대개 요리와 난방 등으로 인해 가스를 안 쓸 수는 없다. 가격이 50% 상승할 때 수요량이 10% 감소한다고 가정하면, 수요의 가격 탄력성은 -0.2여서 매우 비탄력적이다. 그러나 이는 단기적 효과다. 장기적으로 소비자는 더 저렴한 대체재를 찾으려 노력할 것이다. 몇 년간 가격이 계속 오른다면 조리 도구를 새로 구입하려는 소비자들은 이 기회에 전기 오븐을 택할 수 있다. 나아가 가스보일러에서 전기 히트펌프로 바꿀 수도 있다. 새로운 중앙난방 시스템에 3000파운드를 투자하려면 분명 큰맘을 먹어야 하지만, 가스비 오름세가 심상찮다면 가스 수요는 점점 감소하기 시작할 것이다.

이는 기업에 중요한 의미를 시사한다. 예를 들어 넷플릭스가 처음 출범했을 때 그들은 스트리밍 TV 시장을 장악했다. 수요가 비탄력적이어서 가격이 인상되어도 시장의 성장세는 멈출 줄 몰랐다. 그러나 가격이 오르다 보면 더 많은 경쟁업체가 스트리밍 시장에 속속 진입한다. 결국 언젠가는 소비자가 넷플릭스를 포기하고 더 저렴한 대체재로 옮기는 시점이 온다. 이 점에서 탄력성이 중요하다. 단기적으로는 수요가 비탄력적일 수 있어도 그것이 영원히 지속되리란 법은 없다.

공급 탄력성

탄력성 개념은 경제학의 다른 영역으로도 확장할 수 있는데, 그중 하나가 공급 탄력성이다. 어떤 재화의 가격이 오르면 기업은 공급량을 얼마나 늘릴까?

만약 공급량 변화율이 가격 변화율보다 작으면 공급이 가격에 비탄력적이라고 한다. 반대로 공급량 변화율이 가격 변화율보다 크면 공급이 가격에 탄력적이라고 한다. 즉, 공급 탄력성은 기업이 가격 변동에 맞춰 공급량을 늘리기가 쉬운지 어려운지를 나타낸다. 예컨대 맥주 가격이 오를 때 맥주 기업은 증가한 수요에 맞춰 생산

토마토는 여느 생식품과 마찬가지로 수확하기까지 몇 달이 걸리기 때문에 공급이 비탄력적이다.

량을 늘리기가 비교적 쉽다. 그러나 다이아몬드 가격이 오를 때 다이아몬드 기업은 자원이 한정적이고, 다른 공급원을 찾아 광산을 새로 짓기까지 시간이 오래 걸리므로 공급량을 늘리기가 훨씬 어렵다.

공급 탄력성의 중요성

농산물 공급은 적어도 단기적으로는 비탄력적이다. 농산물은 파종부터 수확까지 4~6개월이 걸린다. 따라서 토마토 가격이 급등해도 농부들은 몇 달간 이에 대응할 수 없고, 결과적으로 농산물 가격은 변동성이 상당히 크다. 가격 상승은 공급자가 부지런히 생산량을 늘리게끔 자극하는 요인이지만, 추가 물량이 시판될 때쯤이면 이미 공급 과잉 상태가 되어 가격이 하락한다. 그러면 농부들은 공급량을 줄이고, 가격은 다시 상승한다.

수요의 소득 탄력성

여러분은 소득이 증가하면 전보다 더 많이 사고 싶다고 생각하는 물건이 있는가? 아마 대부분 해외여행, 유기농 식품, 고급 와인 등 사치재를 떠올릴 것이다. 소득이 낮을 때는 사치재에 돈 쓸 여유가 없지만, 소득이 증가하면 점점 사치재에 쓰는 지출 비중이 커진다. 반대로 일부 생필품이나 '열등재'에 대한 수요는 감소할 것이다. 소비자는 살림살이가 나아지면 마트 자체 브랜드의 '가성비' 좋은 빵 대신 유기농 빵을 사먹는다. 고로 유기농 빵의 수요는 소득에 탄력적이다. 반대로 마트 빵은 수요의 소득 탄력성이 음의 값이다(즉 소득이 높아질수록 수요량이 줄어든다).

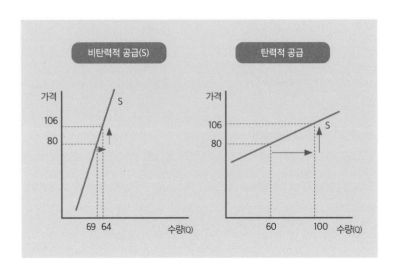

알아두면 쓸모 있는 경제학 상식 사전

14

개혁의 딜레마
공급주의 정책

공급주의 정책은 더 효율적이고 생산적인 경제를 촉진하는 정부 개혁을 말한다.

공급주의 정책은 크게 두 가지 접근법으로 나뉜다. 첫째는 자유 시장의 효율성과 유인의 원리를 활용하는 시장 지향주의다. 둘째는 시장 실패에 대처하고 경제의 생산력을 향상하기 위해 정부가 개입하는 개입주의다. 자유 시장 공급주의 정책은 1980년대 영국과 미국 양쪽에서 대세를 이루었다. 당시 마거릿 대처Margaret Thatcher 영국 총리와 로널드 레이건 Ronald Reagan 미국 대통령은 정부 개입을 줄이고 시장 잠재력을 발휘하게 하

레이건.

자는 이 정책 기조에 뜻이 같았기 때문이다.

자유 시장 공급주의 정책

대표적인 공급주의 정책 중 하나는 민영화로, 공기업을 개인에게 매각하는 것이다. 민영화를 정당화하는 논리는 공기업이 이윤 추구의 동기가 부족하고 현상 유지에 안주한다는 것이다. 공기업은 웬만해서 쉽게 망하지 않지만, 관리자는 비용을 가차 없이 절감하고 혁신하려는 동기가 부족하다. 그러나 이들 기업이 민영화되면 이윤 극대화 유인에 따라 비용 절감이 촉진될 것이다. 공기업의 민영화 효과의 증거는 엇갈린다. 통신, 항공과 같은 일부 산업에서는 (기술 발전에 힘입어) 가격이 대폭 하락하거나, 새로운 제품군이 출시되거나, 가격 전략 현상이 출현하곤 했다. 그보다 민영화가 특히 논란이 되어 온 영역은 수도 사업과 같이 (사실상 경쟁자가 없는) 자연 독점이다. 이들 자

1984년 광부 파업.

　　　　　　　알아두면 쓸모 있는 경제학 상식 사전

연 독점을 민영화하는 것은 국영 독점이 민간 독점으로 바뀌는 것에 그치므로 정부 규제로 보완할 필요가 있다. 그렇지 않으면 민간 독점 기업은 폭리를 취하고 소비자를 착취할 가능성이 있다.

공급주의 정책의 또 다른 핵심은 규제 완화나 경쟁 입찰이다. 이 둘은 독점력을 제거해 기업들의 경쟁 환경을 조성하는 게 목표다. 옹호론자들은 이 조치가 가격을 낮추고 기업이 더 나은 서비스를 제공하게 촉진하는 가장 좋은 방법이라고 주장한다. 독점 기업은 필연적으로 높은 가격을 매기게 마련이다. 따라서 진정한 경쟁 환경이 조성된다면 소비자는 저렴한 가격으로 이득을 본다. 규제 완화에는 대개 민간 독점의 탄생을 막으려는 민영화가 따라다닌다.

공급주의 정책에는 노동 시장의 규제 완화도 있다. 여기에는 노동조합의 힘을 약화하고, 최저임금을 낮추는 것이 포함된다. 또 노동자의 쉬운 해고나 주당 최대 근무 시간을 제한하는 등 노동자를 보호하는 법을 철폐하고자 한다. 노동 시장이 유연해져야 기업이 비용 절감 효과를 누리고 결국 신규 직원도 더 많이 뽑으리라는 발상이다. 특히 대처 전 총리는 새로운 업무 방식의 도입을 막는 노동조합 때문에 기업들이 생산성을 향상하지 못한다고 믿었다. 고용주는 당연히 유연한 노동 시장을 지지하지만, 노동자는 비난한다. 사실 이는 한쪽 편만 들기는 어려운 딜레마다. 노동 시장 규제는 악덕 고용주로부터 노동자를 보호하는 기능이 있다. 게다가 저임금을 밀어붙이고 노동3권을 축소하면, 기업들이 생산성 개선에 투자하려 하지 않는 저임금 경제로 이어질 수 있다. 반면에 고임금 경제에서는 기업이 고임금에 맞춰 생산성을 개선하려고 노력할 수밖에 없다.

인기와 비판을 한 몸에 받는 또 다른 공급주의 정책은 감세다. 소

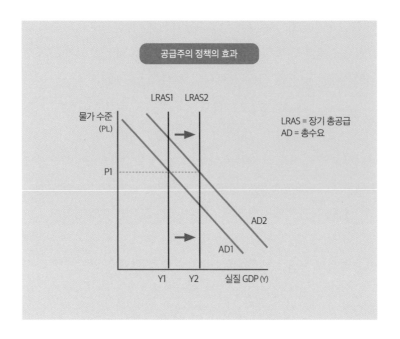

공급주의 정책의 효과

물가 수준
(PL)

LRAS1 LRAS2

LRAS = 장기 총공급
AD = 총수요

P1

AD2

AD1

Y1 Y2 실질 GDP (Y)

득세와 법인세를 인하하면 노동 공급과 기업 투자가 활성화된다는 논리다. 김세 후 소득에서 세금으로 빠져나가는 몫이 작아지면, 노동자는 더 오래, 더 열심히 일할 유인이 생긴다는 것이다. 반대로 세율이 70~80%로 오르면 초과 근무나 장시간 근무를 할 의욕이 줄어들 것이다. 마찬가지로 법인세를 인하하면 기업은 이전보다 많은 이윤을 확보하고 그 돈으로 더 적극적으로 투자할 테니, 장기적으로 경제의 생산성을 높일 것이다. 실제로 감세가 생산성을 높이는 경우가 있다. 프랑스는 실험적으로 백만장자들에 한계세율 85%를 매긴 적이 있었지만, 세수 증가는 미미했다. 많은 백만장자가 세율이 낮은 타 유럽국으로 이주해 버린 탓이었다. 이런 경우라면 감세가 더 열심히 일할 유인을 제공할 것이다. 그러나 한계세율이 30~40%로 낮은 영국과 미국에서는 감세가 그다지 효과를 보지 못했다.

한편으로 감세는 노동자가 여가 대신 노동을 택하도록 동기를 부여하지만, 목표 소득에 도달한 후에는 일을 줄이게 하는 유인으로 작용할 수도 있다. 사실 대부분의 노동자는 세율의 변화에 따라 주당 근무 시간을 바꿀 힘이 거의 없다. 법인세의 경우도 비슷하다. 제2차 세계대전 직후에는 전 세계적으로 법인세율이 지금보다 훨씬 높았지만, 투자가 상당히 활발했고 경제 성장률도 높았다. 그러나 최근 수십 년 동안 국가들이 낮은 법인세를 내세워 투자를 유치하려고 노력하며 꽤 치열한 감세 경쟁이 벌어졌다. 기업들은 법인세 감세로 이득을 봤지만, 전체 투자액은 그리 늘어나지 않았다.

공급주의 정책	
자유 시장주의	개입주의
민영화 - 국유 자산을 민간 기업에 매각 - 유인의 강화	사회기반시설에 대한 공공 투자 - 교통 체계 개선 및 비용 절감
규제 완화 - 신규 기업의 시장 진입 가능 - 독점 기업을 경쟁에 노출	교육 - 각급 학교에 자금 지원 확대 - 노동 생산성 향상
소득세 감세 - 노동자의 장시간 근무 유도	직업 훈련 - 실직자를 위한 정부 주도의 신기술 교육 제공
유연한 노동 시장 - 노동조합의 권한, 최저임금, 규제 축소	주택 공급 - 공공 주택 공급 확대 - 지리적 이동성 향상
자유무역 협정 - 관세 및 기타 무역 장벽 완화	보건비 지출 - 보건비 지원으로 노동자의 질병 및 결근 방지
복지 수당 삭감 - 실업자의 취업 유도	

항만 건설은 자유 시장 경제에서 부족하기 쉬운 공공재를 원활히 공급하기 위한 공급주의 정책의 한 예다.

개입주의형 공급주의 정책

공급주의 정책 중 다른 접근 방식인 개입주의는 자유 시장에서 과소 공급되는 공공새를 원활히 공급해야 할 필요성에 중섬을 둔다. 예컨대 어떤 국가가 항만이나 운송 연결망이 제대로 정비되어 있지 않다면 원활한 경제 성장을 기대하기 어렵다. 이 한계를 극복하려면 중앙에서 정부가 투자자 겸 지휘관이 되어 교통 체계를 더욱 확충해야 한다. 그리고 이 교통 체계는 본질적으로 공공재로서 경제 전체를 이롭게 할 것이다. 교육과 훈련에 투자하는 것도 비슷한 논리다. 기업은 나중에 직원이 이직할 수 있으므로 직원 교육에 투자하기를 꺼리는 편이다. 그러나 정부가 인력이 부족한 업종에 대해 개선된 인턴제와 훈련 지원을 제공한다면 전반적인 노동 생산성 향상에 도움 될 것이다.

공급주의 정책은 대체로 인기가 좋다. 이론적으로는 경제 성장을 촉진하고, 인플레이션과 실업률을 낮추며, 국제 경쟁력까지 높이기 때문이다. 성공만 한다면 실질적인 단점은 없고 경제는 탄탄대로가 보장된다. 다만 유일한 문제는 현실에서 성공하기 어렵다는 점이다. 역사상 전쟁기가 아니고서야 생산성의 대도약은 조립 라인, 트랜지스터, 마이크로칩 등 민간 기업의 혁신과 새로운 작업 방식 개발에서 비롯되는 때가 많다. 또한 공급주의 정책은 아무리 내용이 좋아도 그 효과가 나타나려면 오랜 시간이 걸린다. 노동자의 기술이 하루아침에 숙달되지 않으니 말이다. 이러한 시차 때문에 공급주의 정책은 실망하기 쉽고, 성패를 평가하기도 어렵다. 공급주의 정책의 또 다른 중요한 측면은 정책이 어떻게 시행되느냐에 따라 결과가 판가름난다는 것이다. 철도나 의료 산업의 민영화와 철강 산업의 민영화는 큰 차이가 있다. 의료와 교육 분야에서는 이윤 추구의 목표가 노동자의 동기부여에 비교적 덜 중요하다.

15

중요한 톱니바퀴

유인

유인Incentive은 시장 경제의 중요한 요소다. 기업가의 모험과 창업 정신을 북돋우는 힘은 이윤이라는 유인이다.

노동자에게 초과 근무의 의욕을 심어주는 것은 임금을 더 받고 싶다는 유인이다. 유인이 없으면 경제는 활기를 잃고 축 처진다. 시장 경제와 계획 경제의 가장 큰 차이는 계획 경제에는 보통 실질적인 유인이 부족하다는 것이다. 기업가가 아무리 열심히 일해도 소득이나 이윤이 늘지 않는다면, 당연히 비용을 절감하려 노력하지 않을 것이다.

유인은 시장의 보이지 않는 손에서 중요한 톱니바퀴와도 같다. 스트리밍 TV 채널에 수요가 증가한다고 가정하자. 이러한 소비자 행동 변화에 시장은 어떻게 반응할까? 수요가 증가하면 기업들은 넷플릭스나 아마존 같은 기업에 TV 프로그램을 더 높은 가격에 판매할 수 있을 것이다. 그러면 투자가 더 활발해지고 배우 출연료도 오를 것이다. 배우와 감독은 블록버스터 영화에 참여하기보다 넷플릭스 같은 플랫폼용 TV 시리즈를 제작해 더 높은 수익을 거둘 수 있

1973년 오일쇼크로 각국은 새로운 석유 공급원을 찾아 나섰다.

다. 누가 시키지 않아도 기업들은 스트리밍 TV 프로그램에 대한 높은 수요와 가격을 좇아 스트리밍 시장에 진입하고 이에 맞는 프로그램을 제작하려는 유인이 생긴다. 반면에 영화관 기업들은 영화관 수요가 시들해진 탓에 이윤이 감소할 것이다. 따라서 그들은 이러한 소비자 행동 변화에 맞춰, 영화관 부지를 더 수익성 있는 다른 용도로 활용해야겠다는 유인이 생길 것이다.

석유 공급량이 금수조치나 주요 공급자의 공급 차단으로 감소하면 어떻게 될까? 유가가 상승하니, 소비자는 훨씬 높은 가격에 직면한다. 그러나 이렇게 시장의 단기적 변화로 끝나는 게 아니다. 유가가 상승하면 기업들은 새로운 석유 공급원이나 대체 에너지원을 찾기 시작한다. 예컨대 1970년대에는 중동의 OPEC 국가들이 석유 공급을 주도했다. 그러나 1973년 석유 가격이 3배 올랐을 때, 이는 전 세계에서 더 비싼 생산 비용을 치르는 한이 있더라도 자국의 석유 생산 가능성을 검토하게 하는 매우 중요한 계기가 되었다. 유가가 배럴당 100달러를 넘으면 시추 비용이 매우 높아 차라리 북극과 같이 원거리로 나가 석유를 생산하는 편이 이득이었다. 결국 역설적으로 1973년 오일쇼크 이후 OPEC의 세력은 약화하였다. 그들이 가격을 높게 조작하는 바람에, 새로운 국가들이 석유 생산에 뛰어들고 석유 공급원을 더욱 다변화하는 유인을 자아냈다.

단 중대한 주의 사항이 있는데, 유인이 효과를 발휘하기까지는 상당한 시간이 걸린다. 예를 들어 2022년에는 유가 상승과 러시아-우크라이나 전쟁으로 천연가스 가격이 급등했다. 하지만 천연가스 가격이 전보다 7배나 올랐음에도 공급량을 늘리기 쉽지 않은 상황이었다. 새로운 가스 공급원으로 기반시설과 가스관을 개설하려면 시간이 오래 걸린다. 즉 유인이 있더라도 상당한 시차가 날 수 있다. 그런가 하면 유인 자체가 충분히 일어나지 않는 재화도 있다. 예컨대 낡은 노심지에서는 임대료가 기하급수적으로 상승했다. 자유 시장에서라면 이것이 주택 공급량이 증가할 유인으로 작용해야 옳다. 그러나 토지 부족이나 건축 제한 등의 이유로 통상적인 유인 효과가 적용되지 않고, 결국 만성 주택난으로 이어질 수 있다.

덜 극적이지만 아마도 전 세계 빈곤에 더 큰 영향을 끼친 사건은 2022년 밀 가격 상승이었을 것이다. 우크라이나와 러시아의 공급량 감소로 밀 가격은 전례 없이 상승했으며, 이는 주요 밀 수입국들에 상당한 영향을 미쳤다. 밀의 장점은 많은 지역에서 이모작이 가능하다는 것이다. 따라서 농부들은 재배할 작물을 결정할 때 식량 가격을 계속 주시한다. 밀 가격이 기록적으로 오르면 분명 전 세계 농

농부들은 밀 가격이 오르면 다른 작물 대신 밀을 재배하려는 유인에 끌린다.

부들은 이 기회에 밀 농사로 눈을 돌려 한몫을 단단히 잡고 싶을 것이다. 예를 들면 전통적으로 밀 농사를 짓지 않던 인도 농부들도 가격이 오르면 밀 농사를 지으려 할 것이다.

밀 가격의 상승은 경제의 다른 영역에서도 다양한 유인을 창출할 것이다. 농부들은 바이오 연료 작물 재배를 중단하고 대신 밀을 재배할 수도 있다. 한편 소비자는 밀 가격이 너무 비싸다 싶으면 대체재로 식단을 채우려 할 것이다. 예컨대 밀의 주요 수입국인 모로코나 알제리에서는 빵과 같이 밀이 주원료인 식품을 즐겨 먹는 소비자에게 밀 가격 상승이 큰 부담으로 다가온다. 밀 가격이 내릴 기미가 보이지 않으면, 소비자는 쌀, 보리, 옥수수, 귀리 등 다른 곡물로 식단을 꾸릴 것이다.

어떤 가격이 고공행진을 기록하면 대개 헤드라인 뉴스를 장식

한다. 반면에 별 뉴스거리는 되지 않지만, 그다음에는 유인이라는 보이지 않는 영향이 뒤따른다. 유인은 공급량을 늘리거나 대체재의 생산과 소비에 유리한 조건을 형성함으로써 시장을 균형 상태로 되돌리는 기능을 한다. 사실 시장의 유인은 시차를 두고 효과가 나타나는 데다가, 만병통치약도 아니다. 그래도 경제에서 항상 토지, 노동, 자본이 가장 효율적으로 사용되도록 돕는 것은 역시 유인이다.

유인은 그 중요성만큼 경제 정책에도 활용된다. 가스 공급난으로 가스비가 장기간 상승하고 있다고 가정하자. 정부는 소비자를 보호하려고 가격 보조를 고려할 것이다. 하지만 이렇게 인위적으로 가격을 낮추면 기업과 소비자가 대체 에너지로 전환하려는 유인을 없애고 장기적으로 가스 부족을 악화할 뿐이다. 때로는 물자난의 장기화를 막는 차원에서 높은 가격을 유지하는 게 나을 수도 있다.

16

가격 통제

특정 상황에서 정부가 가격 상승에 제동을 걸기도 한다. 예컨대 식량 가격이나 임대료가 지나치게 급등하면, 정부는 이것이 국민의 빈곤으로 이어질 것을 우려해서 가격에 법정 상한선을 설정한다.

가격 통제에는 장점이 있다. 사회의 최빈곤층이 감당할 수 없는 가격 부담에 직면할 때 보호할 수 있다는 것이다. 그리고 과도한 인플레이션 압력을 막으려는 시도로도 사용된다. 또 기업이 독점력을 이용해 가격을 조작하고 이윤 폭을 늘리고 있다고 판단되면, 가격 통제가 그들이 남용하는 시장 지배력을 억제할 수 있다.

가격 통제의 문제

이론상 가격 통제는 인플레이션과 빈곤이라는 두 가지 문제를 해결하는 매력적인 정책이다. 그러나 대개 실제로는 다른 종류의 문제를 일으켜 의도하지 않은 결과를 초래할 수 있다. 먼저 가격이 급등한다는 건 해당 재화가 부족하거나 초과 수요가 있다는 뜻이다. 가격 통제를 시행한다고 이런 근본적인 문제가 해결되는 건 아니다. 실제로

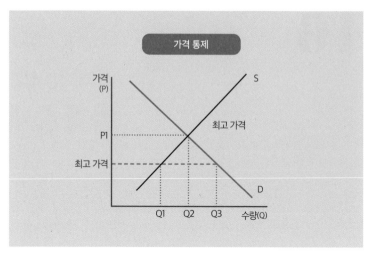

최고 가격제 시행 후 수요량(D)이 공급량(S)을 웃돌아 재화가 부족해진다.

식량이 부족할 때 가격 통제는 상황을 더욱 악화할 수 있다. 가격이 인위적으로 낮게 형성되면, 공급자는 공급량을 늘려 이 사태에 대처하려는 유인이 줄어든다. 따라서 장기적으로 가격 통제는 식량난을 장기화할 수 있다. 가격이 상승하도록 놔두면 농부들은 식량을 더 많이 재배하도록 하는 시장의 유인에 따라 부족분을 채우는 역할을 할 것이다.

또 다른 예로 지난 2022년 가스 부족 사태를 떠올려 보자. 많은 국가에서는 가격 상한제로 대응했다. 그러나 이렇게 가격을 억지로 낮추는 가격 통제는 소비자가 수요를 줄이려는 유인을 느슨해지게 한다는 문제점이 있다. 따라서 가격 상한제는 가장 결정적 시점에 가스 부족을 초래할 수 있다. 대신 시장의 힘에 따라 가격이 상승하도록 놔둔다면, 가계와 기업은 에너지를 효율적으로 사용하고 어떻게든 덜 쓰려고 노력하며 버틸 방법을 찾을 것이다. 가계는 높은 가스비 때문에 힘들겠지만, 가스 부족이라는 근본적 문제는 해결될 것이다. 정부가 형평성 문제를 우려한다면 더 효율적인 정책은 가격이 상승하도록 내버려두되 가장 취약한 계층에 직접 소득 보조를 제공하는 것이다. 이렇게 정부는 최빈곤층의 생활을 보호하는 동시에 시장 수요를 줄일 유인을 유지하는 두 마리 토끼를 잡을 수 있다.

가격 통제의 또 다른 문제는 가격을 인위적으로 낮게 유지하면 물자난이 발생하고 배급을 시행해야 한다는 것이다. 이는 경제 활동에서 낭비를 초래할 수 있다. 예컨대 1970년대 오일쇼크 때 미국은 휘발유에 가격 통제를 시도했고, 그 결과 휘발유 공급이 모자라 주유소에 자동차들이 길게 늘어서는 진풍경이 연출되었다. 가격 상한이 걸린 재화를 사느라 1시간을 소비한다면 그렇게 낭비된 시간도 비용에 포함해야 한다. 휘발유 가격이 갤런당 4달러일지라도, 소비자의 시간당 소득이 20달러라면 휘발유 구입에 쓴 돈은 사실상 24달러인 셈이다. 그리고 시장을 왜곡하는 가격 통제는 불법 암시장을 양산하기도 한다. 가격이 시장 균형 이하로 유지되면, 희소한 재화를 손에 넣은 사람이 사고 싶어도 못 사는 사람에게 웃돈을 얹어 되파는 일이 벌어진다. 그래서 대규모 콘서트 티켓은 항상 티켓을 되팔려고 암시장이 형성되는 경향이 있다.

영국과 미국은 둘 다 제2차 세계대전 중 가격 통제를 시도했다. 전쟁 끝 무렵 미국에는 가격을 설정하고, 대상 제품을 규정하고, 규제를 집행하는 가격 통제 담당 직원이 1만 5000명이나 있었다. 여기서 알 수 있듯 가격 통제는 관료적, 비효율적 양상을 띤다. 게다가 이 시기에 관한 연구 결과에 따르면 낮은 가격으로 통상적인 이윤의 유인이 왜곡되었기 때문에 생산량이 평소보다 7% 줄었다고 한다.

제2차 세계대전 당시 미국의 가격 통제 포스터.

"국가가 일본의 공격을 방어하겠습니다. 여러분은 물가 안정에 동참해 주십시오."

1. 전쟁 채권을 구매합시다.
2. 기꺼이 자기 몫의 세금을 납부합시다.
3. 미래를 대비해 적절한 생명 보험과 저축에 가입합시다.
4. 부채를 가능한 한 줄입시다.
5. 꼭 필요한 것만 사고, 이미 있는 물건을 오래 사용합시다.
6. 배급 규칙과 가격 상한선을 지킵시다.
7. 정부의 임금 안정 정책에 협력합시다.

가격을 통제하는 다른 이유

가격 동세는 온갖 난점에도 여선히 정낭화할 다른 이유가 있다. 예를 들어 매우 강력한 독점 기업은 소비자에게 대체재가 없으므로 마음대로 가격을 인상할 수 있다. 또 임대인이 독점적이라면 임대료를 올려도 임차인은 당장 거처를 옮기기 어렵다. 이 경우 가격 통제가 도입될 수 있을 것이다. 부동산 임대 시장은 공급이 매우 비탄력적이어서 가격 통제로 임대 물량이 확연히 줄지는 않는다. 임대인은 대안이 별로 없고 임대 매물을 시장에서 거둬들이지는 않을 것이기에, 가격 통제는 단지 임대인의 초과 이윤을 감소시킬 뿐이다.

가격 통제가 효과를 내려면 실제로 일종의 배급 시스템이나 그에 상응하는 공급 증대 대책이 필요하다. 예컨대 영국은 양차 세계대전

알아두면 쓸모 있는 경제학 상식 사전

때 가격 통제와 배급 카드도 도입했다. 이 둘을 병행해 물가를 상당 기간 균형 이하로 유지했다. 연구 결과에 따르면 가격 통제는 미국과 영국 양쪽에서 인플레이션 억제에 도움이 되었지만, 그 과정에서 정부가 대대적인 관료주의 방식과 배급제를 통해 매우 광범위한 개입을 해야 했다. 그러나 워낙 강력한 정부 개입을 수반하므로, 보통 때는 정부가 가격 통제를 너무 길게 끌고 가는 일이 거의 없다. 1971년과 1973년에 리처드 닉슨Richard Nixon 대통령은 인플레이

1943년 영국의 식량 배급.

션을 억제하고자 가격 통제를 도입했지만, 한시적 정책에 그쳤다. 가격 통제는 인플레이션 압력을 근본적으로 해소하지 못하다 보니, 통제가 철폐된 직후 물가가 고삐 풀린 듯 치솟았다.

17

균형 잡기 어려운 줄타기

인플레이션

인플레이션은 물가 상승, 즉 생활비가 오르는 현상이다. 이는 경제용어 중에서도 모든 사람이 인식하고, 개인의 경제적 후생에 상당한 영향을 미칠 수 있는 개념이다.

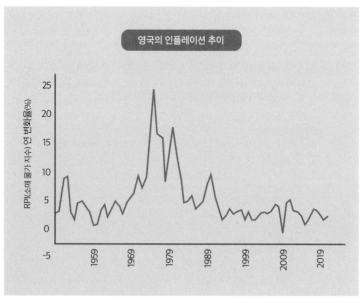

1970년대 인플레이션은 최고조에 달했다.

고인플레이션은 경제에 불확실성을 드리우고, 최악의 경우 일상의 경제 활동을 고약하게 훼방한다. 그리고 저축의 가치를 깎아내리며, 저축자에서 차용인으로 소득을 재분배한다. 그러나 인플레이션의 영향은 몇 가지 요인에 따라 달라진다. 예컨대 원인이 무엇인지, 단기적인지 장기적인지, 임금도 물가 따라 오르고 있는지 등도 살펴봐야 한다.

인플레이션에는 서로 다른 두 가지 원인이 있다. 첫째 원인은 경제가 매우 빠르게 성장하고 수요가 워낙 강해 공급난이 발생하는 경우다. 공급과 노동력이 달리면 기업은 제품 가격과 임금을 인상해 대응한다. 1980년대 후반 영국은 실질임금 상승, 높은 소비자 신뢰 지수, 정부의 감세 등으로 경제가 급속히 성장했다. 통상적인 성장률 2.5%와 비교되는 연 4% 이상의 성장률을 기록했다. 그만큼 당시엔 기업이 제품을 공급할 수 있는 양보다 수요량이 더 빨리 증가했다. 그 결과 물가가 오르고 수입품이 물밀듯이 밀려왔다. 경제는 호황의 전형을 띠었다. 이러한 유형의 인플레이션을 수요 증가로 인해 물가가 상승한다고 해서 '수요 견인demand-pull' 인플레이션이라고 한다.

이와 성격이 완전히 다른 둘째 원인은 '비용 인상cost-push' 인플레이션으로, 생산비 상승으로 물가가 오르는 것이다. 이를테면 유가 상승은 흔히 인플레이션을 유발한다. 유가가 상승하면 경제적으로 대부분 재화의 운송비와 연료비도 증가한다. 소비자에게는 휘발유 가격이 오르고, 기업에는 운송 비용과 에너지 비용이 오른다. 1973년 OPEC은 유가를 3배 인상해 전 세계적으로 인플레이션을 촉발했다. 영국은 물가 상승률이 20% 이상, 미국은 15% 이상에 이르렀을 정도였다. 2021~2022년에 우리는 새로운 형태의 비용 인상 인플레이션을 경험했다. 2022년 인플레이션은 석유와 가스 가격 상승으로 발생했고, 이를 부분적으로 부채질한 요인은 우크라이나 전쟁과 러시아산 석유 및 가스 제재였다. 또한 코로나19 봉쇄 때도 공급망이 끊겨 비용 인상 인플레이션이 일어났다. 당시 몇몇 항구에 선박들의 발이 묶이는 바람에 전 세계 운송에 차질이 생기고 공급가가 훌쩍 뛰었다. 이는 글로벌 인플레이션을 초래했다.

일반 소비자는 인플레이션의 원인까지 깊게 생각하지 않지만, 정책 입안자에게는 중요한 차이가 있다. 경제가 너무 급성장해 인플레이션이 발생하면, 중앙은행은 금리를 인상해 성장 속도를 늦춘다. 금리가 오르면 차입 비용이 늘어나므로 소비 지출과 투자가 감소하게 된다. 그 결과 경제 성장률이 둔화하고 기업은 직전까지 증가하던 수요를 따라잡을 수 있게 된다. 그러면 (적어도 이론상으로는) 심각한 희생 없이 인플레이션을 완화할 수 있다.

여기서 덧붙여 고려해야 할 게 두 가지 있다. 높은 경제 성장률로 인플레이션이 발생하면 임금도 상승할 가능성이 높다. 실수령 임금이 10% 인상되고 물가 상승률이 7%라면 실질임금은 연 3% 오른 셈이다. 이 경우는 인플레이션 비용이 훨씬 낮다. 또한 금리가 물가 상승률보다 높다면 (보통 인플레이션으로 손해를 보는) 저축자들은 자기 저축의 실질 가치를 온전히 유지할 수 있다.

그러나 유가나 수입품 가격 상승으로 비용 인상 인플레이션이 발생하면 어떻게 될까? 여기서 문제는 물가만 오르는 게 아니라 경제 성장률도 떨어질 수 있다는 점이다. 유가가 상승하면 가처분 소득이 감소한다. 기업과 소비자는 물건을 살 때 더 많은 돈이 나가지만 소득이 이를 받쳐주지 못한다. 비용이 상승해서 물가도 오른다. 그러나

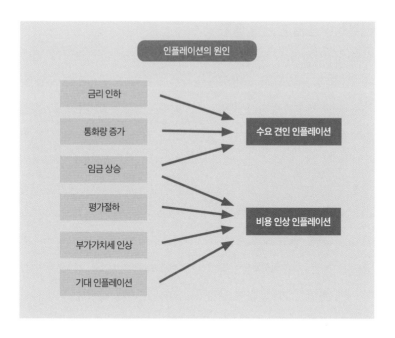

임금이 물가를 따라잡지 못해 실질소득이 감소하니, 사람들은 살림이 팍팍해진 기분이 든다. 이를 스태그플레이션(19장 118~122쪽 참조)이라 한다. 물가는 오르고 경제 성장률은 낮아지는, 최악의 현상이다.

중앙은행은 인플레이션을 잡기 위해 금리를 인상해도 되지만, 금리가 오르면 경제 성장률이 떨어진다. 2008년 글로벌 금융위기 때는 5%에 달하는 물가 상승률과 경기 침체를 동시에 겪었다. 각국 중앙은행들은 금리를 0.5%로 인하했다. 그 결과 저축자들의 형편이 나빠졌고, 임금 상승률을 능가하는 물가 상승률 때문에 많은 노동자의 실질임금이 하락했다. 2022년에도 여러 중앙은행이 비슷한 딜레마에 직면했다. 인플레이션을 완화하려고 금리를 올리면 경기 침체를 초래할 위험이 있다. 이는 균형 잡기 어려운 줄타기와 같다.

인플레이션의 승자와 패자

인플레이션의 또 다른 특징은 승자와 패자를 가른다는 것이다. 인플레이션의 잠재적 승자 중에는 높은 수준의 부채가 쌓여 있는 중앙 정부처럼 거액의 채무자들이 있다. 그렇다면 정부는 왜 이득일까? 인플레이션 기간에는 노동자의 명목임금과 기업의 이윤이 높아져, 정부가 소득세와 판매세로 거두는 세수도 늘어난다. 동시에 정부가 적자를 충당하려고 발행한 국채의 실질 가치는 하락한다. 정부로서는 세수는 늘어난 가운데 국채의 실질 가치가 하락하니 부채를 상환하기가 더 쉬워진다. 예를 들어 한 나라의 국채가 1000달러에 매도되었다고 가정하자. 물가 상승률 9%로 계산하면 20년 후 이 채권의 실질 가치는 이제 116달러에 불과하다. 따라서 예상치 못한 인플레이션은 GDP 대비 정부 부채 비율을 줄이는 데 도움이 될 수 있다. 그러나 단점도 있다. 한 국가에 고인플레이션 딱지가 붙으면 정부가 높은 금리를 제공하지 않는 한 이 나라의 국채를 사려는 사람이 거의 없을 것이다. 따라서 고인플레이션은 징기적으로 부채 상환 비용을 증가시킨다. 그러나 1970년대와 2022년에는 물가 상승률이 예상치를 웃돌아, 몇몇 국가에서는 정부가 GDP 대비 실질 부채 비율을 낮추는 데 도움이 되었다.

초인플레이션

흔히 서구권에서는 물가 상승률이 5%가 넘으면 문제가 된다고 간주한다. 이는 불확실성을 야기하고, 기업들은 미래 비용과 소득이 확실치 않으므로 위험한 투자를 꺼린다. 그래도 한 자릿수의 물가 상승률은 비교적 관리할 만하다. 그러나 때로는 물가가 통제 불능으로 상승하여 천정부지로 치솟기도 한다.

예컨대 1923년 10월 독일의 물가는 3.7일마다 2배씩 올라, 월 물가 상승률이 29500%에 달했다. 이 정도 인플레이션에서는 통화 가치가 금세 휴지 조각으로 전락한다. 사람들은 봉급을 받자마자, 물가가 오르기 전에 써야 한다. 돈의 가치가 매우 빨리 절하되면, 경제 체제는 모든 사람의 신뢰를 잃게 된다. 아무도 은행에 저축하려 하지 않고, 물물교환 경제로 전환하여 음식처럼 실물로 지급하는 방식으로 대응할지도 모른다. 또 사실 어떤 사람들은 가치가 변함없이 유지되는 다른 외화로 환전하기도 한다.

초인플레이션은 정부가 경제의 생산량이 증가하는 속도보다 훨씬 빠른 속도로 화폐를 발행할 때 발생한다. 예컨대 1922년 독일은

1920년대 독일의 초인플레이션.

전쟁 배상금 등의 이유로 생산량이 감소했다. 이에 대응해 정부는 직원들에게 급여로 지급할 화폐를 발권하기 시작했다. 그러나 이는 불행의 시작이었다. 인플레이션이 심화할수록 노동자들은 임금도 그에 상응해 인상되어야 한다고 주장했다. 그래서 정부는 화폐 발행량을 늘려야 한다는 압박을 더 심하게 느꼈고, 인플레이션은 걷잡을 수 없이 가속화되었다. 현대에도 매우 비슷한 사례로 2008년 짐바브웨에서 초인플레이션이 있었다. 경기는 수축했고(이 경우에는 부실한 정책 때문에), 정부는 화폐를 찍어 이에 대응했다.

18

열리지 않는 지갑
디플레이션

디플레이션은 물가가 하락하는 상태다. 물가 상승률이 음수가 되고, 평균 생활비는 감소한다.

물가가 하락하면 같은 소득으로 더 많은 물건을 살 수 있으므로, 얼핏 가계와 개인에게 좋은 것처럼 보인다. 그러나 역설처럼 들릴지 몰라도, 통상 디플레이션은 경제에 해를 끼친다. 따라서 중앙은행은 되도록 디플레이션을 막으려 한다.

물가 하락이 안 좋은 이유

먼저 중요한 문제는 디플레이션의 원인 찾기다. 보통 디플레이션은 수요 감소로 생길 때가 많다. 경제가 약하고 개인의 실질 소득이 감소할 때 각 가계는 지출을 줄이려 한다. 기업은 생산 설비가 놀고 있고 재고가 쌓여가는 상황이라면, 가격을 인하해 남은 재고를 처분하기도 한다. 또 이 과정에서 기업들은 직원 임금을 삭감하거나 동결하려 한다. 따라서 디플레이션의 실제 문제를 한마디로 정리하자면, 물

텔레비전 가격이 계속 내려가면 소비자는 앞으로 가격이 더 내려갈 것으로 기대하므로 구입을 미룬다.

가가 하락하는 가운데 임금은 제자리걸음이거나 심지어 떨어진다는 점이다. 그러면 노동자들은 자신의 임금이 줄었다는 판단하에 물가가 낮아져도 시갑을 얼 의향이 없다. 또 소비자는 현재 물가가 하락하고 있다는 사실을 인식하는 한, 고가의 소비를 미룰 것이다. 가령 대형 TV 가격이 매년 5%씩 하락한다면, 특히 형편이 빠듯한 가계는 TV 가격이 더 저렴해질 때까지 기다리는 게 합리적이다. 그러나 많은 가계가 똑같은 생각이라면 경제 내 총수요가 감소한다. 결국 경제 성장률이 낮아지고 실업률이 높아져, 물가 하락 압력이 더욱 커질 수 있다. 1990년대와 2000년대에 일본은 장기간의 디플레이션을 겪었다. 당시 특이한 현상이 종종 눈에 띄었는데, 소비자들이 미래에 가격이 더 떨어지기를 바라면서 소비를 꺼린 것이다.

디플레이션에는 또 다른 문제가 있으니, 부채의 실질 가치가 높아

알아두면 쓸모 있는 경제학 상식 사전

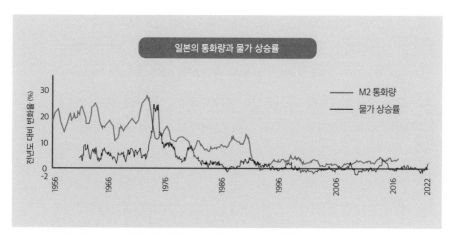

일본의 통화량과 물가 상승률

M2 통화량
물가 상승률

일본은 오랫동안 물가 상승률이 제로 내지 마이너스를 기록했다.

진다는 것이다. 누군가가 연봉이 3%씩 인상되기를 기대하고 1만 파운드를 대출받았다고 가정하자. 그러나 디플레이션으로 임금이 하락하면 이 빚을 갚기가 더 어려워진다. 디플레이션 때는 통화 가치가 높아지지만 부채 가치도 덩달아 높아진다. 따라서 디플레이션이 닥치면 거액의 대출을 받은 가계와 기업은 빚 갚기가 더 어려워진다. 가처분 소득에서 부채 상환으로 나가는 비중이 커지는 만큼 다른 쪽에서 씀씀이를 줄여야 한다. 이는 디플레이션에 의한 부채의 악순환이다.

디플레이션이 저축자에게 미치는 영향

물론 반대로 생각하면 디플레이션은 저축자들에게 좋다. 물가가 하락한다는 것은 저축 가치가 상승해 앞으로 현금 구매력이 올라간다는 의미다. 그러나 이처럼 저축에 대한 유인이 커지면, 더 폭넓게 보아 경제에 문제가 될 수 있다. 이 현상을 가리켜 존 메이너드 케인스 John Maynard Keynes는 바로 '절약의 역설'이라고 불렀다. 개인이 열심히 저축한다면 당연히 합리적이지만, 대부분의 인구가 저축에 전념하고 소비하지 않으면 한동안 수요가 부족해 고실업과 경기 침체라는 역설로 이어진다는 논리다. 따라서 절약은 개인에게는 합리적이어도 경제 전체에는 문제가 된다. 이는 디플레이션의 또 다른 잠재적인 문제다. 저축에 대한 유인이 증가하면 단기적으로 성장이 둔화한다.

　장기적으로 보면 저축률이 높을수록 경제에 이롭다. 특히 이전에 저축률이 낮았던 경제에서라면 더욱 그렇다. 또 저축률이 높을수록 투자도 활발해진다(은행은 예금액을 많이 모아 기업에 더 많은 대출을 제공할 수 있기 때문이다). 하지만 디플레이션 시기에 투자가 늘어날까? 그럴 가능성은 낮다. 물가가 하락할 때 문제는 기업들이 매출 감소를 우려해 투자 수익도 기대하지 않게 된다는 것이다. 또한 디플레이션이 부채의 실질 가치를 높이므로, 기업은 은행에서 대출을 받을 수 있다 해도 대출을 꺼릴 것이다.

케인스.

또 디플레이션 상황에서는 통화 정책과 금리를 결정하기가 복잡해진다. 경제 생산량이 감소하는 불경기에는 중앙은행이 수요와 성장을 촉진하기 위해 금리를 인하하는 게 일반적이다. 그러

도쿄 시부야 사거리. 일본은 1990년대와 2000년대를 거쳐 기나긴 디플레이션을 겪었다.

나 금리를 0% 밑으로 낮출 수 없으므로 디플레이션 때 통화정책의 효과는 떨어진다. 마이너스 금리는 소비자가 저축의 대가로 은행에 비용을 지불하는 것과 같다. 따라서 디플레이션 때는 적정 수준의 금리를 설정하기가 어렵고, 경기에 비해 실효 금리가 너무 높아 경제 성장이 저하될 수 있다.

좋은 디플레이션

이런 다양한 이유로 디플레이션이 왜 경제에 해롭고 장기간의 경기 침체, 고실업, 저성장을 초래할 수 있는지 알 수 있다. 그러나 물가는 하락하지만 생산량은 증가하는 좋은 유형의 디플레이션도 가능하다. 이러한 디플레이션은 기술이 급속히 발전할 때 생산비 절감의 결

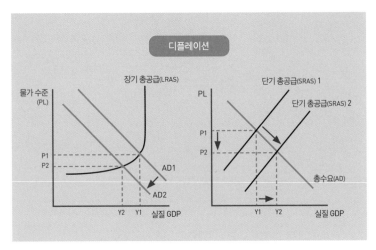

디플레이션은 총수요(AD)가 감소하거나 총공급(AS)이 증가할 때 발생한다.

과로 일어난다. 이때 기업은 생산량도 늘리고 비용도 줄일 수 있다. 그리고 개선된 효율성을 바탕으로 소비자 가격을 인하하는 동시에, 이윤을 늘리고 직원 임금도 올려줄 수 있다. 이 시나리오에서는 가계의 가처분 소득이 사실상 증가하므로 물가가 하락해도 소비 지출이 감소하지 않는다.

경제의 특정 부문에만 나타나는 디플레이션 사례도 있다. 예컨대 전자 제품의 가격은 지난 50년 동안 하락했으며, 덕분에 우리는 더욱 다양하고 성능 좋은 제품을 구매할 수 있게 되었다. 이러한 기술 발전이 경제 전체에 확산한다면, 이론적으로는 가격이 낮아지고 생활 수준이 향상할 것이다. 특히 인공지능이나 핵에너지 같은 신기술에서 더욱 그럴 가능성이 엿보인다. 에너지 가격이 훨씬 저렴해지면 물가는 하락하고 그에 상응해 실질 소득은 높아질 것이다.

일반적으로 경제에서 '좋은' 유형의 디플레이션을 경험하기는 쉽지 않다. 경제의 개별 부문에서 가격이 하락할 수는 있지만, 특히 서비스 부문에서는 임금이 하락하지 않고서야 가격이 하락하는 경우는 거의 없다. 따라서 최근 몇 년 동안 각국 중앙은행은 대체로 물가상승률 2%를 목표로 잡았다. 그들은 제로 인플레이션이나 여러 위험을 몰고 올 디플레이션보다는 차라리 적정 수준의 인플레이션이 낫다고 판단한다.

고물가+고실업

스태그플레이션

스태그플레이션은 고실업과 고물가가 공존하는 상태다. 정부와 중앙은행은 상충관계에 맞닥뜨리고, 두 문제를 동시에 해결하기가 (불가능까지는 아니더라도) 쉽지 않으므로 경제에서 바람직하지 않은 상황이다.

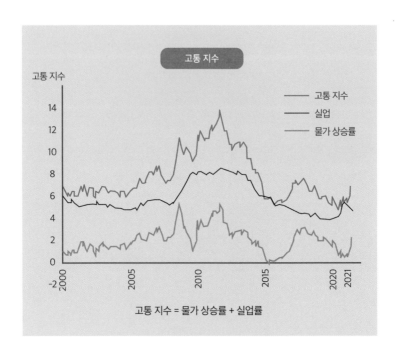

고통 지수 = 물가 상승률 + 실업률

스태그플레이션은 고통 지수^{misery index}를 통해 측정할 수 있다. 고통 지수는 한마디로 물가 상승률 + 실업률이다. 고통 지수가 높을수록 스태그플레이션이 문제가 될 소지가 크다.

스태그플레이션의 원인

스태그플레이션은 대개 원자재 가격이나 기타 생산비가 상승해서 발생한다. 예컨대 유가가 폭등하면 운송비와 생활비가 상승해 비용 인상 인플레이션(17장 105쪽 하단~107쪽 상단 참조)을 초래한다. 기업들은 제품 가격을 인상해도 생산비 증가분을 전부 벌충하지 못해서 심지어 직원도 해고한다. 또한 가계와 소비자는 물가 상승에 직면해 실질소득이 줄어들고, 전보다 교통비와 에너지 사용료를 더 내느라 지출을 줄이게 된다. 이렇게 소비자들이 지출을 줄이면 저성장의 골은 더욱 깊어진다. 기업은 물건이 잘 팔리지 않아 직원을 해고하므로 잠재적으로 더 많은 실업자를 양산할 것이다.

예를 들어 1973~1974년 오일쇼크로 유가가 3배나 오른 이후, 1970년대에는 스태그플레이션이 꽤 길게 이어졌다. 당시의 인플레이션은 자사 제품 가격을 올릴 수밖에 없게 된 기업들도 충격에 빠졌지만, 물가 상승으로 실질소득이 증발한 가계들 역시 마찬가지였다. 영국과 미국 등 서구 국가에서는 실업률과 물가가 둘 다 상승하는 달갑지 않은 상황을 겪었다. 2022년에도 코로나19와 러시아-우크라이나 전쟁으로 인한 에너지 가격의 충격 때문에 다시 스태그플레이션이 발생했다. 이때에도 물가만 오르고 소득은 증가하지 않았다. 따라서 실질소득이 감소하고 경제 성장률도 하락했다. 실업률은 인플레이션 뒤의 하강기에 높아지는 경향이 있지만, 인플레이션 기

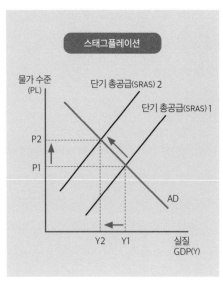

스태그플레이션 시기에는 물가가 오르고 생산량은 감소한다.

간이 꽤 오래간다 싶으면 기업들은 이미 직원을 줄이기 시작한다.

스태그플레이션의 다른 원인은 노동조합의 세력화와 관계가 있다. 노조의 압력으로 임금이 오르면 비용 인상 인플레이션이 발생한다. 하지만 기업은 물가 상승률 이상으로 임금을 올려주기 힘들다 싶으면 직원 수를 줄이려 한다. 또한 스태그플레이션은 경제 하강기에 더 자주 나타날 가능성이 높은데, 이때는 전통 산업이 쇠퇴해 구조적 실업으로 이어지는 경향이 있다. 이런 구조적 실업은 기본적으로 경기 순환과 무관하다. 그래서 비용 인상 인플레이션 국면에 처한 경제는 고실업과 고물가를 동시에 마주하게 된다.

필립스 곡선의 상충관계

필립스 곡선은 물가 상승률과 실업률 간 역의 관계를 나타낸 그래프다. 보통 경제가 건실하고 성장률도 높을 땐 고용이 증가하고 실업률은 감소한다. 그러나 경제가 최대 생산력에 도달하면 인플레이션 조짐이 보이기 시작한다. 이처럼 필립스 곡선은 낮은 실업률과 물가 상승 사이의 전형적인 상충관계를 보여준다.

　알아두면 쓸모 있는 경제학 상식 사전

중앙은행은 인플레이션을 완화하고자 금리를 인상하여 성장세에 숨 고르기를 한다. 금리가 높으면 인플레이션은 진정되지만, 경기 순환의 변곡점을 지나면서 실업률이 증가한다. 마찬가지로 중앙은행은 실업률이 높고 물가 상승률이 낮은 침

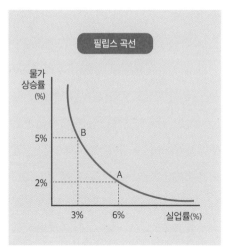

필립스 곡선은 인플레이션과 실업 사이의 상충관계를 보여준다.

체기에는 금리를 인하해 실업률을 낮춘다. 이처럼 적어도 단기적으로 중앙은행은 서로 상충관계인 인플레이션과 실업 중 하나를 선택해야 한다. 그러나 스태그플레이션에서는 이 상충관계가 무의미해진다. 실업률과 물가가 동반 상승하는 상황에서 중앙은행의 통화정책만으로는 문제를 해결할 수 없기 때문이다.

스태그플레이션의 해결책

스태그플레이션 상황에서 마법의 해결책은 없다. 중앙은행은 인플레이션을 완화하고 단기적으로 높은 실업률을 감수하는 것이 최선의 방법이라 판단할 것이다. 고금리와 긴축 재정정책은 경제 성장을 둔화시키고 물가를 서서히 낮추기 시작한다. 그러나 비용 인상 인플레이션 압력이 강하고 기대 인플레이션이 높을 때, 물가를 억제하고 사람들의 기대 인플레이션을 낮추려면 꽤 깊은 침체기를 감당해야

할 것이다. 이 경우 실업은 훨씬 악화할 테고, 집권 정부는 지지도에 큰 타격을 입는다. 1980년대 초 영국과 미국은 둘 다 스태그플레이션과 고인플레이션을 경험했다. 그러나 대처 행정부는 심각한 불황을 감수하더라도 주기상 인플레이션 국면이 도래하지 않도록 철벽같이 방어하고자 했다. 영국은 금리를 무려 17%까지 인상하고 정부 부채를 줄이는 동안, 실업자가 300만 명에 육박하는 심각한 경기 침체를 경험했다. 옹호자들은 이것이 고인플레이션의 악순환을 끝내고 장기적으로 경제 회복에 필요한 조치였다고 주장한다. 반대로 비판자들은 너무 심각한 침체를 유발한 나머지, 필요 이상으로 가혹한 대량 실업을 낳았다고 주장한다.

20

악순환

경기 침체

경기 침체는 경제 활동이 매우 위축되는 시기로 대개 GDP 감소, 실업률 증가, 투자 감소를 수반한다.

이는 경기 순환 과정의 일부로 짧게 끝나거나, 장기간의 불황으로 이어질 수도 있다.

경기 침체의 원인

경기 침체를 일으키는 요인은 다양하다. 가장 흔한 요인은 인플레이션 압력을 줄이려는 중앙은행의 의도적 조치다. 중앙은행이 인플레이션을 잡으려고 금리를 인상하면 소비 지출과 투자가 줄어든다. 금리가 충분히 오른 후에는 총수요가 감소하고 경제는 침체기로 진입한다. 생산량이 감소하기 시작하면 흔히 승수 효과(최종적으로 산출된 총효과)가 나타난다. 즉 초기 수요 감소가 실업률 증가로 확대되어 소비 지출이 한층 감소하는 악순환으로 번진다. 이런 수요 충격으로 인한 경기 침체에서 굳이 유일한 긍정적 면을 찾자면, 경제가 침체기이

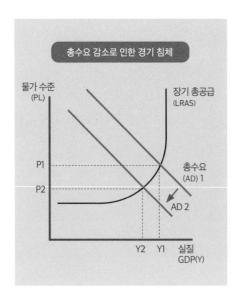

총수요 감소로 인한 경기 침체

물가 수준
(PL)

장기 총공급
(LRAS)

P1

P2

총수요
(AD) 1

AD 2

Y2 Y1   실질
GDP(Y)

고 물가 상승세가 둔화하고 있음을 인식한 중앙은행이 금리를 인하한다는 점이다. 그러면 하강 국면이 반전되고 경제가 살아나기 시작한다.

공급 충격 경기 침체

반면 완전히 다른 형태의 경기 침체로, 공급 충격이 원인이 되어 물가가 상승하는 경우도 있다. 예를 들어 유가가 급등하면 기업과 가계의 비용을 증가시켜 다른 곳에서의 지출 여력을 제한한다. 이는 경기 침체를 야기하는 동시에 물가도 오르게 한다는 단점까지 유발한다. 따라서 중앙은행은 물가도 안정시키고 경기 침체도 막아야 하는 난처한 임무를 수행해야 한다. 그들은 대개 유가 상승이 일시적이고 금세 끝나기를 바란다. 그러나 2022년에 그랬듯 유가가 계속 상승한다면 이는 경기 침체를 일으키는 강력한 추동력이 될 수 있다.

대차대조표 경기 침체

최근의 경기 침체 중 가장 심각하고 오래 지속된 사례를 하나 꼽는다면 2008~2009년 금융 위기였다. 이때는 수요 충격이나 호황과 불황 신호가 뚜렷하게 나타나지 않았다. 그보다는 은행들의 숨겨진 문제

알아두면 쓸모 있는 경제학 상식 사전

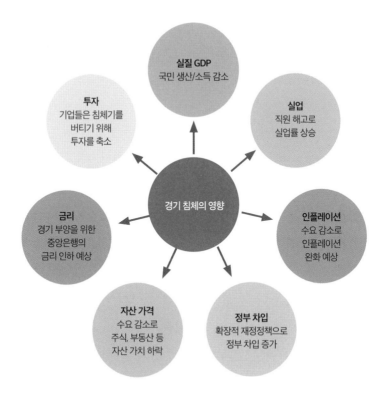

가 발단이었다. 2000년대 초 미국에서는 부동산 시장의 호황을 틈타 모기지 대출이 급증했다. 대출에 혈안이 된 은행들은 이러한 비우량(서브프라임) 모기지 묶음을 전 세계 은행들에 팔았다. 그러다 2006년 금리가 올라 저소득층 대출자를 중심으로 모기지 대출을 상환하지 못하는 사람들이 늘어났다. 사람들은 밑지며 집을 팔아야 했고, 그 결과 주택 가격이 하락하고 수요가 말라붙었다. 집값이 하락하고 대출을 못 갚는 사람들이 늘어나면서 미국뿐 아니라 전 세계적으로 은행의 손실이 야금야금 불어났다.

은행들은 그동안 단기 차입으로 유동성을 유지하는 데 익숙해져

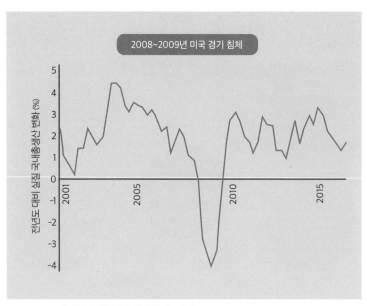

2008~2009년 미국 경기 침체

전년도 대비 실질 국내총생산 변화 (%)

2008~2009년 미국의 생산량은 현저히 감소했다.

있었지만, 어느새 단기 금융 시장은 찬바람만 일고 있었다. 부동산 거품이 꺼지면서 다들 손실을 본 상태였기에, 이제 은행들은 서로 대출금을 돌려쓸 형편이 못 되었다. 은행의 손실이 불어나자, 기업과 가계는 아무리 견고하고 강력한 담보가 있더라도 더 이상 돈을 빌릴 수 없게 되었다. 이러한 신용 경색은 지출과 투자 감소를 초래해 결국 심각한 경기 침체를 불러온 중요한 요인으로 작용했다. 여기에 집값 하락과 유가의 반짝 상승이 경기 침체를 한층 부채질했다. 하지만 뭐니 뭐니 해도 금융권의 유동성 부족이 가장 큰 원흉이었다. 바로 이 때문에 당시 침체는 상당히 깊고 오래 지속되었다. 별다른 수가 없었다. 중앙은행이 금리를 0%까지 인하했으면 수요가 증가해야 이치에 맞다. 하지만 은행들이 대출해 줄 돈이 없었으므로 별 효과가 없었다.

알아두면 쓸모 있는 경제학 상식 사전

블랙스완 경기 침체

마지막 유형은 예상치 못한 돌발 사태, 즉 블랙스완black swan 사건으로, 수요 충격을 유발하는 경기 침체다. 예를 들면 2020년 코로나19 팬데믹 때 정부가 봉쇄령을 내리자, 사람들의 일상 활동이 마비되면서 경제 활동이 위축되었다. 이렇게 2020년 초에 생산이 일시 정지되자 각국의 GDP는 뚝 떨어졌다.

침체에서 불황으로

불황의 통일된 정의는 없지만 GDP가 10% 이상 대폭 감소하거나 2년 이상 지속되면 대개 불황으로 본다. 해리 트루먼Harry Truman 전 미국 대통령은 "이웃이 직장을 잃으면 경기 침체고, 내가 직장을 잃으면 불황이다"라는 어록을 남겼다.

가장 대표적 예는 1930년대 대공황이다. 초기에 생산량이 감소하기 시작하더니, 중형급 은행이 여럿 파산하면서 미국 경제가 전반적으로 타격을 입었다. 그 후 생산량이 한층 더 급감하며, 결과적으로 통화량이 대폭 감소하고 지출과 투자가 얼어붙었다. 시중은행들이 줄도산하기 시작하면 금융권 전반의 신뢰가 무너지므로 가벼운 침체가 대규모 불황으로 확대될 수 있다. 따라서 각국 중앙은행은 대공황 이래 이런 사태를 막고자 최종 대부자 역할을 자처해 왔다(40장 238~243쪽 참조).

경기 침체의 영향

경기 침체는 실제 생산량이 잠재 생산량에 못 미치고 자원이 충분히 이용되지 않는 상태다. 침체기의 가장 명백한 희생자는 실업자다. 그들은 소득원을 잃고, 향후 재취업도 어려우며, 그 결과 정신 건강에도 적신호가 켜진다. 단기적 침체기에서 실업은 한때의 현상으로 치부할 수 있지만, 파괴적 수준의 침체기에는 전체 산업이 무너지고 구조적 실업이 고착할 수 있다. 이때 많은 기업이 시장에서 밀려나 영영 문을 닫고 만다. 이론적으로는 가장 비효율적인 기업만 도산하기 때문에 실은 침체가 경제에 새로운 활기를 불어넣을 수 있다는 주장도 있다. 때로는 침체 속에서도 새로운 혁신 기업이 탄생하고, 꽤 성공적으로 성장하기도 한다. 그러나 침체기에 폐업하는 기업 중에는 사실 매우 효율적인 기업도 있다. 다만 침체 때문에 수요에 큰 타격을 입었을 뿐이다. 예컨대 2020~2021년에 코로나19로 인한 침체는 숙박업계 등을 휘청이게 했고, 심지어 내로라하는 업체도 예외가 아니었다. 정부가 지원해 주지 않았다면 더 많은 기업이 폐업했을 것이다.

2020~2021년 코로나19 팬데믹으로 전 세계에 걸쳐 경기는 침체에 빠졌다.

21

개인의 삶을 뒤흔드는
실업

고실업 경제에서는 생산량도 감소하지만, 더 중요한 건 개인의 삶이 엄청난 충격을 입는다는 점이다.

구직자가 일자리를 찾지 못하면 생활고는 물론, 자신이 사회에 도움되지 못한다는 스트레스와 심리적 비용도 떠안게 된다.

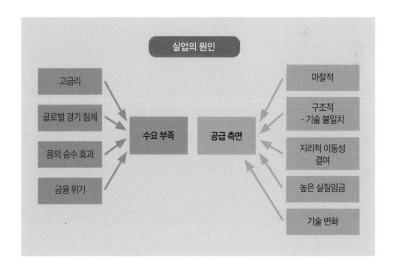

실업의 원인

실업은 원인이 다양하고, 실업자에게 미치는 영향도 다양하다. 실업의 유형에는 먼저 '마찰적 실업'이 있는데, 이것은 실직자가 한 직업에서 다른 직업으로 이동하기 어려워 발생하는 것이다. 마찰적 실업은 기간이 짧고 그 시간에 실직자가 자기 기술에 맞는 직업을 찾을 수 있다면 반드시 나쁘다고 볼 수 없다. 예를 들어 한 직장을 그만두고 비슷한 분야에서 새로운 직장을 찾기까지는 몇 주가 걸리기도 한다. 어떤 경제든 어느 정도의 마찰적 실업은 항상 존재하게 마련이다. 그래서 경제학자들은 마찰적 실업을 완전히 제거하는 건 가능하지도 바람직하지도 않다는 판단하에, 2~3%의 실업률 정도면 사실상 '완전 고용' 상태에 가깝다고 본다. 공학을 전공한 구직자가 일단 취업부터 하자는 생각에 아무 직장이나 들어간다면, 그리고 특히 그 직업이 비숙련직이라면 그는 공학 전공자로서 잠재력을 낭비하는 셈이다.

더 심각한 유형의 실업은 '구조적 실업'으로, 이는 일자리가 있어도 노동자가 그곳에서 일할 관련 기술이나 자격을 충족하지 못한 경우다. 제조업 경쟁력을 잃은 국가는 주로 육체노동에 의존하여 제조업 일자리가 줄어든다. 노동집약적 산업에서 경쟁력을 잃은 국가는 대신 IT나 컴퓨터 프로그래밍과 같은 첨단 서비스 분야에서 경쟁력을 얻을 수도 있다. 그리고 노동 시장이 완전히 유연하면 실직한 섬유 노동자도 IT 분야로 원활히 이동할 수 있다. 그러나 현실적으로 섬유 노동자는 IT 기술이 없을 가능성이 높으므로, 그는 사회에 빈 일자리가 얼마나 되든 실업 상태로 남을 것이다. 이런 종류의 구조적 실업은 경제 구조가 급변하거나 특정 지역이 큰 타격을 입을 때 더

1909년 시위 중인 미국의 실업자들.

욱 늘어난다. 대표적 예가 미국 중서부와 북동부의 러스트 벨트Rust Belt다. 1960~1970년대 이곳은 보수가 좋은 제조업 일자리가 많았으나, 기업들이 하나둘 문을 닫으며 실업률이 증가하고 자본과 노동력이 해안 도시로 흘러 나갔다. 러스트 벨트 지역은 쇠퇴했고, 기업들은 이곳에 투자하기를 꺼렸다. 그렇다고 실업자들이 다른 주로 이주해 타 업종에 취업할 여력이 있는 것도 아니었다. 노동이 자본에 비해 이동성이 떨어지는 것은 실업자가 연고지를 떠나거나 큰 비용을 감수하고 해안 대도시로 이동하기가 항상 쉽지만은 않기 때문이다.

수요 부족 실업
실업의 또 다른 원인은 전체적인 경기 순환 때문이다. 경제가 성장할 때는 기업이 많은 직원을 채용하므로 실업률이 감소한다. 그러나 경제가 침체에 빠지고 생산량이 감소하면 기업은 직원을 해고하고 신규 직원도 채용하지 않을 것이다. 이처럼 침체기에는 평균 실업률이 상승하고 취업 문이 좁아져, 아무리 능력 있는 구직자라도 취업에 애를 먹는다.

어쩌면 논쟁의 여지가 더 클 듯한 또 다른 유형의 실업은 높은 실질임금 때문에 발생하는 '고전적 실업'이다. 이는 노조가 강력한 위치에서 협상할 능력이 있거나, 최저임금이 시장 균형보다 훨씬 높게 형성될 경우 발생한다. 임금이 오르면 기업은 인력을 감축하려 하므로 실업률이 높아진다. 현대 경제에서 높은 실질임금이 실업에 얼마나 영향을 미치는지는 논쟁의 여지가 있다. 영국과 미국에서는 노조들의 교섭력이 비교적 약해서 임금 인상을 끌어내기에 한계가 있다. 게다가 사실 고용주들은 어느 정도 수요독점(노동력의 구매자가 한 명뿐이므로 시장에서 더 낮은 임금을 낼 힘이 있음)의 위치에 있다. 그러나 특히 경제가 저성장 국면일 때 최저임금이 충분히 인상되면 실업률은 오르기 시작한다.

실업 대책

실업을 줄이려는 정책은 크게 수요 측면과 공급 측면의 접근법으로 나뉜다. 수요 측면 정책에는 재정 및 통화정책이 포함되며, 경제 활동을 촉진해 경기적 실업을 줄이는 데 중점을 둔다. 예컨대 침체기에 중앙은행은 투자를 장려하고자 금리를 인하한다. 정부는 수요를 창출하고 실업을 해소하기 위해 공공사업 계획에 투자하곤 한다. 1930년대 초 프랭클린 루스벨트Franklin Roosevelt 미국 대통령의 뉴딜 정책과 2009년 글로벌 금융 위기 후 경기 부양책도 이런 맥락이었다.

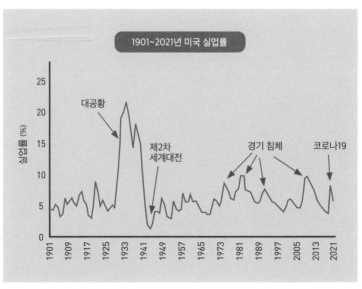

미국의 실업률이 급증한 주원인은 경기 침체였다. 대략적인 경험 법칙에 따르면 실업의 약 50%는 경기 변동 요인과 관련이 있다.

공급주의 접근법

공급주의 경제학자들은 수요 관리의 기능을 경시하는 경향이 있다. 그들은 재정정책이 인플레이션과 부채 누적을 유발하기 쉽고 고질적인 실업 해결에 거의 도움이 되지 않는다며, 중앙은행과 정부가 문제를 해결하는 것 못지않게 문제를 일으킬 때도 많다고 주장한다. 그들이 생각하는 최선의 실업 해결책은 시장 실패를 해결하고 노동 시장을 유연화하는 것이다. 공급주의 학자들은 규제가 엄격한 유럽의 노동 시장을 지적하며, 애초에 고용과 해고 비용 때문에 기업이 신규 채용을 꺼린다고 주장한다. 반면에 비용과 규제 부담이 작다면 고용주는 알아서 일자리를 창출하려는 의욕이 생긴다는 것이다. 그러나 반대편 입장도 생각하자면, 노동자에게 거의 협상력이 없는 상황에서는 제로아워 계약zero-hours contract(영국 노동법상 고용 계약의 한 유형으로, 고용주는 임시직 직원에게 최소 근무 시간을 보장할 의무가 없다-옮긴이)이 악용될 가능성이 있다. 그러면 노동자는 경제적으로 불안해지고 장기적으로 근로 의욕과 생산성이 떨어진다. 경제학자들이 한목소리로 바람직하다고 동의하는 정책 한 가지는 교육과 훈련 개선이다. 교육과 훈련을 잘 받은 노동자는 변화하는 노동 시장에 적응하고 한 부문에서 다른 부문으로 유연하게 이동할 수 있다.

실업률을 줄이려는 또 다른 정책은 주당 최대 근무 시간 제한이다. 예컨대 프랑스는 주당 최대 근무 시간을 35시간으로 정했다. 노동자 한 명당 근무 시간이 줄면 기업은 직원을 더 많이 고용해야 하므로 실업이 줄어든다는 논리다. 그러나 현실은 그렇게 단순하지 않다. 기업은 직원을 더 뽑는 대신 35시간 동안 기존 직원에게서 더 많은 효율을 뽑아낼 방법을 찾을 것이다. 또 일부 고급 인력은 쉽게 대

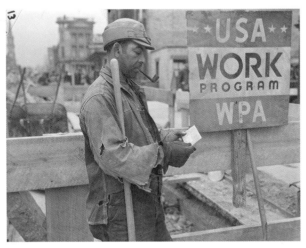

1930년대 루스벨트 대통령의 뉴딜 정책은 신규 일자리를 창출하기 위한 재정 부양책이었다.

체될 수 없다. 예를 들어 규제가 적용되기 전에 주 51시간 일했던 관리자가 있다고 치자. 그런데 관리자 한 명에게 35시간을 근무시키고, 시간제 관리자를 한 명 더 고용해 나머지 16시간을 맡긴다면 말이 되지 않는다. 게다가 규제가 엄격해질수록 기업은 이를 회피할 방법을 찾으려 한다. 기업은 정직원을 고용하는 대신 최대 근무 시간 제한이 적용되지 않는 프리랜서에게 하청을 맡길지도 모른다. 프랑스의 주 35시간 근무제는 많은 노동자의 호응을 얻었지만, 실업 해소에 실질적 영향을 미쳤다는 강력한 증거는 없다.

22

시장보다 똑똑하다는 착각
호황과 불황

경제 성장은 항상 안정적인 것이 아니라, 호황과 불황의 순환을 겪는다.
호황에는 경제의 급성장, 자산 가격 상승, 인플레이션 압력 등이 따른다.

불황에는 이러한 강력한 성장세가 역전되어 침체에 빠지고, 경제 생산량이 감소하며, 실업률이 증가한다.

호황의 요인은 다양하다. 예를 들어 중앙은행이 저금리를 유지하거나 통화량을 늘리는 등 완화적 통화정책을 추구하면 소비 지출을 늘리고 성장률을 끌어올리는 효과가 있다. 그렇다고 호황은 저금리만으로 일어나지 않는다. 우선 수요를 더욱 북돋우려면 대개 다른 요인도 함께 작동해야 한다. 경제 호황에서 매우 중요한 요소는 소비자 신뢰다. 소비자는 신뢰도가 높을 때 기꺼이 더 많은 돈을 대출받고 더 과감하게 지갑을 연다. 이 신뢰의 효과는 기업에도 파급된다. 소비자 지출이 증가하면 기업은 신규 투자를 계획할 맛이 난다. 이렇게 투자가 증가하면 총수요를 진작해, 경제 내에 고용을 창출하고 지출을 독려하는 효과도 가져온다. 이는 승수 효과로 이어져 최종 생산량

알아두면 쓸모 있는 경제학 상식 사전

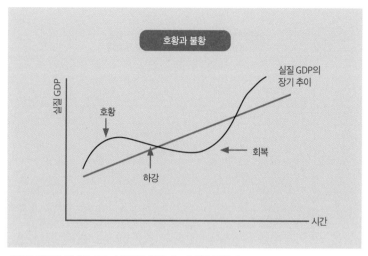

호황과 불황은 경제의 상승과 하강이 반복되는 순환을 말한다.

까지 증가하게 한다.

　호황의 또 다른 특징은 자산 가격의 상승이다. 호황기에 개인들은 소득이 증가하는 만큼 부동산, 주식 등의 자산 구매에 관심을 보인다. 부동산과 주식 가격이 오르면, 사람들은 이 투자 흐름에 올라타 부를 쉽게 증식하고 싶어 한다. 그러나 이 시점부터는 호황이 경제 가치fundamental와 동떨어지는 방향으로 가기 쉽다. 즉 자산 가격이 장기적인 실질 가치 이상으로 부풀어 오른다. 사람들은 자산 투자가 부를 향한 지름길이라 생각하고 투기 열풍에 굴복한다. 그리고 자산 가격이 오를수록, 더 많은 사람이 투자 대열에 합류한다.

　역사에 남은 많은 예를 보면 거품은 언젠가 터진다는 것을 알 수 있다. 19세기 영국의 철도 광풍Railway Mania, 1920년대 주식시장 급등 그리고 뒤이은 1929년 월스트리트 대폭락, 최근 암호화폐 시장의 호황과 불황 등이 그 예다. 여기서 예리한 질문을 해보자면 과거의 많

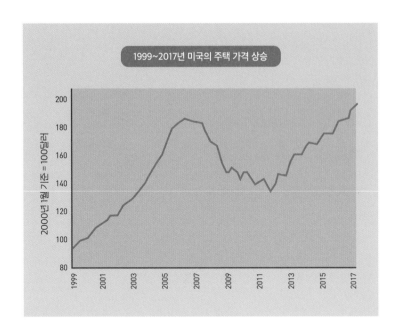

1999~2017년 미국의 주택 가격 상승

은 투자 열풍이 고통으로 끝났음에도, 왜 사람들은 거품에서 헤어나
지 못하느냐다.

답은 심리적 요인에 있다. 우리는 자신이 시장보다 똑똑해서, 자
산 가격이 오를 때 수익을 챙기고 하락하기 전에 팔면 된다고 생각
한다. 또 다른 심리적 요소는 군중의 지혜를 신뢰하는 경향이다. 대
다수 사람이 부동산과 주식을 구매하고 저명한 전문가들이 지금이
매수의 적기라고 조언하면, 대세론을 따라 투자 행렬에 가담한다.
이에 따라 해당 자산 가격은 장기 평균치보다 빠르게 상승한다. 미
국, 아일랜드, 스페인에서 부동산 가격이 급등한 2000년대가 그 좋
은 예다. 미국 모기지 대출 기관들은 부동산 호황 기류에 편승해,
거액의 모기지 대출을 더 많은 고객에게 제공할 수 있도록 대출 기

준을 완화했다. 대출 영업 직원들은 주택의 장기적인 적정 가치를 생각하지 않았다. 그들은 주택 소유주의 상환 능력이야 어찌 됐든, 가능한 한 많은 모기지 상품을 팔고 보자는 생각이 우선이었다. 은행들도 집값이 계속 오르리라는 비이성적 과열irrational exuberance에 사로잡혀 기꺼이 대출을 제공했다. 그 결과 부동산 가격이 폭등해 경제 성장세에도 불을 지폈다.

그러나 호황과 거품은 언젠가 끝난다. 가격 상승은 지속 불가능하다. 2006년 금리가 소폭 인상되자, 미국 주택 소유주들은 모기지 상환에 어려움을 겪었다. 이에 따라 모기지 채무 불이행이 증가했고 이후 부동산 시장은 내림세로 돌아섰다. 그렇게 부동산 가격이 하락하면서 경제 호황을 이끌어 온 모든 요인이 반전되었다. 소비자는 경제가 불확실하다고 판단해 돈 쓰기를 멈췄다. 내 코가 석 자가 된 은행들은 대출 제공을 꺼리면서 투자도 위축되었다. 이렇게 경제는 실업률이 증가하고 호황에서 불황으로 급변했다. 역사상 최대 규모의 호황과 불황은 아마 1920년대 후반부터 1930년대 초반까지였을 것이다. 전체적으로 주가가 고평가되어 있던 차에, 1929년 주식시장이 하락하기 시작했다. 결과적으로 시장의 신뢰가 무너지고, 거액의 부가 증발했다. 뒤따라 잘못된 경제 정책으로 은행들은 도산했고, 1930년대 경제는 급속히 쇠퇴해 불황의 깊은 수렁에 빠졌다.

중앙은행은 가능하면 호황과 불황을 막으려 노력한다. 이러한 경기 순환은 경제 불안정성과 부수적 피해를 초래하기 때문이다. 이론상 중앙은행은 경기가 과열이다 싶을 때 금리를 인상하고, 성장률을 관리 가능한 수준으로 억제한다. 그러나 항상 쉬운 일은 아니다. 2000년대 미국은 사실 물가 상승률이 매우 낮았고 실물적인 호황 조짐이 보이지 않았다. 모기지 대출과 부동산 가격만이 호황을 누리고 있었는데, 이들은 통상 중앙은행의 관리 대상이 아니었다. 바로 여기서부터 상황이 걷잡을 수 없게 되었다.

　글로벌 금융 위기 이후 세계 경제가 둔화한 이후로는 호황의 기미가 보인 적이 거의 없었다. 미국은 코로나19 때 아낌없는 재정정책으로 반짝 호황을 겪었고, 이것이 인플레이션으로 이어지기도 했다. 그러나 주로 비용 인상 인플레이션으로, 비교적 경미한 수준이었다.

23

부자 삼촌과 가난한 조카
정부 차입

정부가 세수입보다 더 많은 돈을 지출하려면 부족분을 민간에서 빌려야 한다. 그 방법은 국채 발행이다.

채권 매수자는 대개 은행, 연기금, 개인 투자자다. 채권은 매년 이자 지급이 보장되는 안전한 투자처다. 매년 정부 예산은 적자 아니면 드물게 흑자를 기록한다. 적자 예산은 정부가 채권을 발행해 조달한 총액으로, 국가의 총부채에 추가된다.

정부 차입의 정당성

어느 국가든 정부는 일반적으로 공공 지출과 감세를 위해 돈을 차입하려는 정치적 유인이 있다. 지출 확대와 감세는 둘 다 유권자의 표심을 잡기에 유리한 정책이다. 반대로 정부 차입을 줄이는 것은 대개 정치적으로 인기를 얻지 못한다. 그러나 정치적 이유는 둘째 치고, 정부가 차입하는 것은 경제적 이유도 있다. 일단 정부는 국채를 발행해야 자유 시장에서 공급되지 않는 공공재에 투자하고 지출 자금을

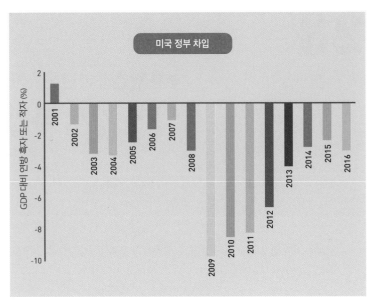

미국 정부 차입

GDP 대비 연방 흑자 또는 적자 (%)

2001 2002 2003 2004 2005 2006 2007 2008 2009 2010 2011 2012 2013 2014 2015 2016

2008~2009년 경기 침체 동안 정부 차입이 증가했다.

조달할 수 있다. 예컨대 자유 시장에서는 충분히 공급되기 어려운 대중교통에 투자를 늘리면, 생산성이 향상되고 도로 폭이 좁은 곳에서 생기는 교통 정체가 해소될 수 있다. 투자 자금을 조달할 목적의 부채는 장기적으로 더 높은 성장을 가능하게 하고 세수 개선에도 도움이 된다.

정부가 차입을 늘리는 또 다른 이유는 경기 침체기에 민간 부문의 지출이 줄어 생산량이 감소하고 실업률이 높아지기 때문이다. 정부는 더 많은 돈을 차입해 공공 지출의 자금을 조달하는데, 이는 총수요 감소를 억제하고 침체에 빠진 경제를 더 빨리 벗어나도록 돕는다.

정부 차입이 과하다고 우려하는 목소리도 있다. 하지만 대개 경제학자는 일반인보다 이에 대해 더 느긋한 입장이다. 정부가 국채 발행량을 크게 늘리면 이를 매수할 투자자를 유치해야 하므로 금리 상승의 압력을 가하게 된다. 금리가 오르면 정부는 다른 공공 지출보다 부채 원리금 상환에 쓰는 돈이 많아진다. 글로벌 금융 위기 이후인 2009년부터 2021년까지는 정부 차입이 증가해도 금리가 인상되지 않았다. 사실 2021년까지는 민간 부문의 국채 수요가 강해서 도리어 금리가 하락했다. 이를 통해 정부 부채가 높은 수준으로 올라가도 원리금 부담이 커지지 않을 때도 있다는 걸 알 수 있다. 따라서 저성장, 저금리 시기에는 정부가 비교적 낮은 비용으로 차입을 늘릴 수 있다.

그러나 늘어나는 정부 차입이 항상 저금리 시기와 맞닿으리라는 보장은 없다. 경기 순환기 중 다른 국면에서는 부채 누적이 문제 되기도 한다. 예컨대 1970년대 영국은 고금리로 이자 지불 비용이 불어나는 동시에 고인플레이션까지 겹쳤고, IMF로부터 대출을 받을 만큼 어려움에 처했다. 2022년 현재는 금리가 오르는 추세고, 결과적으로 유럽 정부들의 차입 비용이 예상치 못하게 급증하고 있다.

정부의 부채 한도는 얼마일까?

이 질문에 간단한 대답은 없다. 2022년 일본은 국가 부채가 GDP의 무려 240%에 달했고 지난 수십 년 동안 줄곧 높은 수준이었지만, 금리는 비교적 낮았고 오랫동안 부채에 대한 우려도 크지 않았다. 일본은 인구 고령화로 저축률이 높고, 부채의 90%를 자국민이 부담하고 있기 때문이다. 그러나 2008년 그리스의 국가 부채는 GDP의 150%였음에도 일본보다 더 심각한 위기를 초래했다. 그리스가 유로존에 속한 데다가, 그리스 부채의 채권자가 대부분 외국인이었기 때문이다. 투자자들은 그리스가 독자적 통화정책 없이 부채를 상환할 수 있

2010년 그리스의 부채 위기와 시위자들.

을지 우려하며 그리스 국채를 매도했고, 이에 따라 그리스 국채 수익률이 치솟았다. 이후 그리스는 고통스러운 긴축(정부 지출 삭감) 기간에 들어서며 깊은 경기 침체기를 겪었다. 그리스는 정부 부채가 지속 불가능할 만큼 높은 수준이었고, 이는 유로존에 묶여 있다는 한계와 맞물려 혹독한 위기로 이어졌다. 바로 이런 이유로 유럽연합EU은 회원국에 정부 차입의 한도를 설정하려 노력한다.

제2차 세계대전 이후 1950년대 영국의 국가 부채는 GDP의 240%까지 증가했다. 영국은 파산할 뻔했지만, 미국으로부터 막대한 차관을 받아 공공 주택에 투자하고 국민건강보험National Health Service을 창설했다. 1950~1960년대는 번영과 고성장의 시대였고, 이러한 꾸준한 성장세에 힘입어 영국의 국가 부채는 1950년 GDP 대비 240%에서 1998년 38%까지 감소했다. 하지만 이는 전후 재건기의 급성장이라는 특수한 상황 덕에 가능했다. 저성장 시대에 진입하면 GDP 대비 부채 비율이 증가하기 쉽다. 2022년 영국은 코로나19의 영향으로 부채가 1960년대 이후 처음으로 GDP의 100%를 넘어섰다.

나라 살림이 가계 살림과 같을까?

정치인 중에는 정부도 가계처럼 수입보다 지출이 많으면 안 된다고 말하는 사람도 있다. 수입과 지출이 일치해야 하고, 부채를 지는 것은 미래 세대에 무책임한 행위라는 것이다. 그러나 경제학자 폴 크루그먼Paul Krugman은 정부는 가계와 다르므로 잘못된 비유라고 주장한다. 정부가 국내에서 돈을 빌리는 건 본질상 자기 자신으로부터 돈을 빌리는 셈이기 때문이다. 부유한 저축자들은 아마 은행 계좌에 저축이 남아돌 것이다. 정부가 지출을 늘리려고 채권을 발행해 팔면, 부유한 저축자들은 채권을 산다. 정부는 그 돈으로 교육 개선에 투자

하는 등 더 생산적인 용도로 사용할 것이다. 이 경우 정부는 부자 삼촌을 둔 가계와 비슷하다. 대학 등록금을 마련하려고 삼촌에게 돈을 빌린다. 그러나 가계의 순자산은 변하지 않고, 그저 부자 삼촌에서 가난한 조카로 부가 이전했을 뿐이다. 중요한 점은 국내 저축률이 매우

크루그먼.

높고 유휴 자원이 있는 경우, 정부는 차입한 돈을 더 생산적으로 사용할 수 있다는 것이다. 그러나 부자 삼촌이 곁에 없고 가족이 저축한 돈도 없다면, 정부 차입이 늘어날수록 민간 부문의 투자를 밀어내는 효과가 있다. 민간 기업들이 한창 자기네 사업에 투자하려고 기지개를 켜는 상황에서의 정부 차입은 민간 지출을 위축시키고 어쩌면 금리 인상의 요인도 될 수 있다는 점에서 문제가 된다.

24

모두를 위하여

공공재

공공재란 사회 전체를 이롭게 하고 한번 제공하면 모든 사람이 무료로 누릴 수 있는 특정 재화나 서비스를 말한다.

경제학에서 말하는 공공재는 비경합성과 비배제성이라는 두 가지 특징이 있다. 비배제성은 일단 재화를 제공하면 (비용을 지불하지 않은 사람도) 누구든 그 재화를 사용하지 못하게 막을 수 없다는 의미다. 예컨대 거리에 가로등을 설치하면 이 불빛은 모든 사람을 비춘다. 이 점에서 비용을 내야만 이용할 수 있는 넷플릭스 서비스와는 다르다. 비경합성이란 한 사람이 그 재화를 소비해도 다른 사람들이 소비할 수 있는 양이 줄어들지 않는다는 의미다. 공짜 사과 100개는 한 사람이 많이 먹을수록 다른 사람이 먹을 양이 줄어들어서 공공재가 아니다. 그러나 한 사람이 공원을 산책할 때, 그 공원은 다른 모든 사람에게도 여전히 개방된다. 따라서 공원을 소비하는 행위는 공원이라는 재화의 본질에 영향을 미치지 않는다.

공공 도서관은 지역 사회 전체에 서비스를 제공하므로 공공재의 한 형태이다. 하지만 이미 대출한 책을 읽으려면 반납할 때까지 기다려야 하므로 순수한 공공재는 아니다.

공공재의 예

국립공원처럼 자연 경관이 수려한 지역은 공공재의 좋은 예다. 정부가 국립공원을 조성하고 관리하면, 전 국민이 방문해 절경을 즐길 수 있다. 물론 엄밀히 따지자면, 수백만 명이 국립공원에 찾아오는 경우엔 어느 정도 혼잡함과 환경 파괴가 일어난다. 이 점에서 경합성과 배제성이 아예 없다고는 볼 수 없기에 순수한 공공재는 아니다. 그러나 기본적으로 적당한 수의 방문객 수로 가정하면 공공재에 아주 가깝다. 순수 공공재의 전형적인 예로는 국방, 제방 시설, 사법 제도, 가로등이 있다. 여기서 공공재를 재화에만 한정하지 않는다는 걸 기억해야 한다. 쓰레기를 줍고 지역 사회를 가꾸는 습관도 공공재가 될 수 있다. 모든 사람이 쓰레기를 줍고 거리를 청결하게 유지한다면 이웃에 이익이 된다. 또 다른 사람들도 쓰레기를 줍도록 독려하는 효과도 있을 테니 금상첨화다.

미국의 요세미티 국립공원. 국립공원은 다른 사람에게 방해받지 않고 절경을 즐길 수 있는 공공재다.

무임승차 문제

공공재의 한 가지 중요한 논점은 무임승차 문제 때문에 자유 시장에서 공급되기 어렵다는 것이다. 무임승차 문제는 비용을 지불하지 않은 사람도 해당 재화나 서비스를 이용할 때 발생한다. 따라서 누구도 비용을 지불할 유인이 없고 기업들도 이런 재화나 서비스를 공급할 유인이 없다. 예컨대 부자 동네 주민들은 자신들의 사유지를 지키려고 민간 치안 서비스를 공동 조직하기로 협력할 수 있을 것이다. 하지만 국가 전체에 법과 질서를 집행할 책임이 있는 경찰 서비스라면 어느 민간 기업이 제공하고 싶겠는가? 경찰 서비스에는 이윤의 유인이 없다. 대다수 시민이 법과 질서의 보호를 받는 수혜자라 할지라도, 그들 모두에게 대가를 거둬들이기는 극히 어렵다.

바로 이런 이유로 대부분 공공재는 민간 시장에 맡겨지는 대신 정부가 세금으로 재원을 조달해 공급한다. 납세의 의무는 순수 자

경찰이 수행하는 치안은 일종의 공공재다.

유 시장에서는 얻을 수 없는 공공재에 납세자가 자금을 대도록 하는 하나의 수단이라 볼 수 있다.

모든 공공재를 정부만 담당하리란 법은 없다. 19세기 후반 앤드루 카네기Andrew Carnegie 같은 부유한 산업가들은 미국 각지에 도서관과 박물관을 자비로 건립했다. 공공 도서관은 누구나 방문해 책을 읽고 대여할 수 있으므로 본질적으로 공공재다. 때로 인기 있는 책을 읽으려면 기다려야 하므로 순수한 공공재는 아니지만, 원칙적으로 지역 사회 전체에 이익을 주는 서비스다.

새로운 유형의 공공재

무료 와이파이는 최근 들어 공공재로 볼 수 있는 예 중 하나다. 인터넷 통신은 통신 기업이 유료 이용자들만 비밀번호를 설정하게 하고 접근권을 제공한다는 점에서 자유 시장을 통해 공급되는 서비스다. 그러나 정부나 어떤 자선사업가도 모든 사람에게 무료로 인터넷을 제공할 수 있다. 무료 와이파이가 보급된다면, 해당 지역 주민 누구나 남의 접속을 방해하지 않고도 인터넷에 연결할 수 있으므로 공공재가 된다. 한 지역 전체에 무료 와이파이가 제공되면 개인이 일일이 유료로 이용하기보다 더 효율적일 것이다. 앞으로는 정부나 지방 의회가 이런 공공 와이파이를 의무화해 세금으로 재원을 조달할 날이 올지도 모른다.

카네기.

환경

아마 공공재 중에서 가장 중요한 건 환경일 것이다. 우리가 환경을 잘 가꾸면 지구상의 모든 사람은 물론이고 미래 세대에도 이익이 된다. 환경을 파괴하면 모두가 피해를 보고, 미래를 위해 환경을 보호하면 모두가 혜택을 입는다. 그러나 우리가 환경을 최선의 상태로 가꾸려 노력하는 중요한 이유는 환경이 공공재이기 때문이다. 그 누구도 물과 공기의 소유권이 없기에, 공동체 정신이 없으면 환경이 당연한 것으로 여겨지기 쉽다.

정부가 관여하지 않는 공공재

현대 자본주의 사회에서는 무임승차 성향이 상당히 강하다. 우리는 개인적 편익과 비용을 비교하고 계산하는 경향이 있어서 공공재에

오스트롬.

비용을 지불하려 하지 않는다(적어도 전통적인 경제학 관점에서는 그렇다). 그러나 인류학자와 사회학자들은 많은 사회에서 공익에 기여하려는 마음이 훨씬 더 깊이 내재해 있다고 주장한다. 예컨대 주인 없는 공유 목초지가 있다면 이기적인 사람들은 이곳에서 과도하게 가축을 기를 것이다(북해에서의 남획이 그 예다). 그러나 노벨 경제학상 수상자인 엘리너 오스트롬 Elinor Ostrom은 실제로 공동체 주민이 이러한 공유지를 매우 효과적으로 관리할 수 있다는 사실을 발견했다. 그 이유는 사람들은 타인의 동의를 구하고 집단을 생각해 행동하는 것이 장기적 후생에 필수임을 알기 때문이다. 이러한 마음가짐이라면, 정부가 외부에서 개입하지 않아도 공동체 역시 다양한 공공재를 공급할 수 있다.

그러나 경제학적 관점에 반론을 제기하자면, 경제학에서는 사람들을 무임승차자로 가정하지만, 사실 우리는 자신의 욕구와 필요를 넘어 더 원대한 목표도 생각할 줄 안다. 적정한 환경에서는 우리 모두 공공재 공급에 기여할 수 있으므로 공공재는 정부 개입 밖에서도 공급될 여지가 있다.

25

공익 vs. 이윤

민영화

민영화는 국유 자산을 민간에 매각하는 것이다.

민영화를 지지하는 주된 근거는 민간 기업이 공기업과 달리 이윤의 동기를 추구하므로 자원을 더 효율적으로 관리한다는 것이다. 그러나 민영화는 국가의 자산을 소수의 부유한 소유주들에게 이전하므로 논란의 여지가 있다.

민영화의 중심에는 경제를 관리하는 최선의 방법이 무엇이냐는 이념적 논쟁이 있다. 국익을 우선시하는 정부가 관리해야 할까, 아니면 이윤과 효율성을 극대화하려는 민간 부문이 관리해야 할까?

국유화의 근거

20세기에 여러 서구 국가는 수도, 가스, 전기, 대중교통 등 핵심 공공 사업을 국유화하기 시작했다. 근거는 이 산업들이 '자연 독점'이어서, 각 산업에 기업이 하나만 있어야 가장 효율적이라는 것이다. 전국에 철도 연결망을 놓으려면 선로와 기반시설을 두고 여럿이 경쟁하기보다 한 곳의 공기업만 두는 게 더 효율적이다. 민간 독점이라면 경쟁사가 거의 없으므로 탑승객에게 높은 가격을 청구할 수 있다. 게다가 민간 독점은 사회적 편익에 무심한 편이라서, 가령 농촌 지역에 도움이 되지만 수익성이 없는 사업은 외면하기 쉽다. 이런 점들이 많은 주요 공공 산업을 변덕스러운 자유 시장에 맡기지 않고 공기업이 공익적 관점에서 운영하는 근거에 해당한다.

민영화의 근거

그러나 1980년대 영국과 미국 정부는 이제 공기업들이 민영화될 때가 왔다고 판단했다. 대형 공기업은 비효율적이고 정체되는 경향이 있다. 또 정부가 감세 같은 더 중요한 정치적 우선순위에 신경 쓰느라 투자 자금이 부족해지는 일이 흔하다. 반면 민간 기업 경영자는 더 모험적이며, 외부에서 자금을 조달해 사업 확장을 꾀한다. 공기업은 시장 논리보다는 정치적 동기에 반응하기 때문에 시장 압력에 꼼짝하지 않기도 한다. 예컨대 브리티시텔레콤British Telecom, BT이 공기업이던 시절, 통화 기

런던의 브리시티텔레콤 타워.

능은 제한적이었고 유선 전화기의 선택지도 매우 한정적이었다. 그러나 민영화 이후에는 소비자에게 다양한 선택권을 제공하고 신기술을 개발하며 급변하는 시장에 적응해야 했다. 또 정치적 감시를 받지 않으니 더 자유로운 경영이 가능해졌다.

민영화의 논리는 효율성 개선으로 제품가를 낮춰 소비자에게 이득을 돌려주자는 것이다. 한 가지 예를 들면 브리티시텔레콤은 민영화 후 평균 서비스 가격이 1984년부터 1999년 사이에 48% 하락했다. 상당한 가격 하락 폭이지만, 전적으로 민영화 덕분만은 아니다. 기술이 발전해서 전 세계적으로 통신비가 낮아진 것도 한몫했다. 또한 다른 부문에서는 새로 민영화된 기업이 시장 지배력을 이용해 가격을 올리고 더 많은 이윤을 취했으므로 가격 인하 효과가 별로 없는 것으로 나타났다.

민영화의 또 다른 결과는 정부 재정이 단기적으로 증가한다는 것이다. 민영화가 한창일 때 영국 정부는 연 70억 파운드를 조달했는데, 이 액수는 기본 소득세율을 3%포인트를 깎을 수 있는 효과와 맞먹었다. 민영화 후 나라 곳간은 넉넉해졌다. 그러나 일단 사업들이 민간으로 넘어가고 나면, 수익성 개선으로 인한 이득은 주로 부유한 주주들끼리 나눠 가지게 된다. 예컨대 공기업에서 민영화된 석유 및 가스 회사는 유가 상승으로 이윤이 대폭 증가했지만, 그것이 일반 가계들에는 더 이상 득 될 게 없었다. 그러나 민영화를 지지하는 사람들은 늘 적자를 면치 못하던 공기업이 민영화 과정 자체를 통해 수익성 있는 기업으로 변모하게 되고, 정부는 공기업을 직접 운영할 때보다 법인세로 더 많은 수입을 얻는다고 반박한다.

민영화 과정은 산업별로 차이가 크다. 민영화 후 사실상 경쟁 체

1986년 사람들이 민영화된 브리티시 가스British Gas 주식을 사고 있다.

제에 직면하게 될 산업에서는 경쟁력을 위해 가격을 낮추지 않을 수 없다. 영국에서의 민영화는 대개 규제 완화가 뒤따르는 경우가 많았다. 진입 장벽을 제거해 과거 독점이던 시장에서 더 치열한 경쟁이 가능하게 하자는 취지였다.

민영화의 주요 이점은 규제 철폐와 동시에 경쟁 구도가 조성된다는 점이다. 예컨대 1970년대 후반과 1980년대 미국은 항공업계의 규제를 완화해 국내선 요금을 매우 효과적으로 낮췄다. 반면에 규제 완화와 경쟁 활성화가 불가능한 산업에서는 민영화의 성과가 기대에 훨씬 못 미쳤다. 예를 들면 철도 사업은 사실 민영화로 진정한 경쟁 시장이 창출된 적이 없다.

이처럼 민영화의 성패는 그 산업의 특성에 크게 좌우된다. 철강, 전기, 통신 같은 산업에서는 이윤의 동기가 바람직해도 의료, 교육 같은 산업에서는 이윤을 추구하면 논란의 여지가 훨씬 크다. 의료 분야에 이윤의 동기가 작용하면 사회의 후생 증진에 도움이 될까? 한쪽에서는 민간 부문의 이윤 추구 동기가 의료 서비스를 개선하고 치료비를 낮출 것이라고 주장한다. 다른 쪽에서는 의료 분야가 공공 서비스이기에 이윤의 동기가 우선시되어선 안 된다고 주장한다. 의료 분야에서 민영화는 사람들이 질병을 더 적극적으로 예방하려는 효과 덕분에 비용 절감으로 이어질 수도 있다. 그리고 이 효과는 이윤의 측면으로는 측정할 수 없다.

민영화된 기업의 규제

민영화의 성공을 좌우할 또 다른 핵심 요소는 새로 민영화된 산업의 규제 강도다. 민간 독점이 형성된다면 가격 책정, 공공 서비스 기준 설정 등에 규제가 필요하다. 다만 규제는 완전한 정부 통제를 제한된 형태의 정부 개입으로 바꾼다는 점에서 '불완전한 민영화'일 뿐이라는 문제가 있다. 민영화의 중요한 관건은 규제 당국의 태도다. 당국이 규제 포획(이익집단이 정부를 매수해 자기들에게 유리한 규제를 만들게 하는 것-옮긴이)의 대상이 되면, 자신들이 규제해야 할 기업에 지나치게 편의를 봐줄 수도 있다. 그러면 규제 당국을 포획한 기업들은 가격을 올리고 더 많은 이윤을 획득한다. 다른 한편으로 기업들은 너무 엄격한 규제 때문에 가격을 충분히 올리지 못해서 장기 투자를 할 수 없다고 불평한다.

민영화의 성공 여부를 즉시 판단할 수 있는 척도는 없다. 수많은 사례를 살펴봐도 민영화가 가격 하락, 생산성 향상, 이윤 증대에 효과가 있는지 없는지 상충하는 결과들이 산재할 뿐이다. 이를 통해 경제를 자유 시장에 맡기는 것이 최선이라 주장하는 사람들과 공익에 따라 산업이 운영되는 것을 선호하는 사람들 간의 중요한 이념적 격차를 분명히 확인할 수 있다.

	민영화	국유화
소유권	민간 소유	정부 소유
유인	이윤의 동기가 소유주와 경영자에게 유인으로 작용	회사에 대한 소속감이 직원에게 동기 부여로 작용
외부효과	민간 기업은 외부 비용(예 : 오염)과 외부편익을 무시	부는 이윤 동기보다 공익을 우선시
효율성	신기술 도입과 노동 생산성 향상의 유인이 있음	잉여 인력이 있어도 해고하기 어려움
지식	최고의 능력을 갖춘 경영자를 채용	정치적 동기에 따른 정치권의 개입
자연 독점	높은 가격 책정	사회적 요인을 고려한 가격 책정

알아두면 쓸모 있는 경제학 상식 사전

26

곡선을 주시하면 보이는 것
채권 시장

채권은 매년 이자를 지급하는 대가로 채권 매수자에게 발행해 주는 일종의
부채다. 2021년 글로벌 채권 시장 규모는 약 119조 달러로 추산되었다.

채권 중 가장 대규모로 거래되는 형태는 정부가 공공 부채를 조달할
때 발행하는 국채다. 그 외에 기업 채권(회사채)과 모기지 채권 시장
도 있다. 채권 시장은 개인이 발행자로부터 직접 채권을 매수할 수
있는 '발행 시장'과 채권을 만기 전에 사고파는 '유통 시장'을 모두 포
함한다.

채권 가격과 금리

한 평범한 국채가 30년 만기, 연 5%의 금리로 1000달러에 발행되었
다고 치자. 그러면 채권 매수자는 30년 동안 연 50달러의 이자를 받
게 된다. 그리고 만기가 되면 1000달러의 전액을 돌려받는다. 정부
입장에서는 세금을 거두기보다 국채를 팔아야 더 많은 돈을 지출할
여력이 생긴다. 채권을 구매하는 개인과 연기금으로서는 매년 이자

1981년 미국 국채.

를 지급받고 안전한 저축 수단을 확보한다는 장점이 있다.

유통 시장은 매수자와 매도자 간에 채권을 거래하는 곳이다. 채권 가격과 실효 금리(수익률)는 반비례 관계로 변동한다. 채권이 매력적 투자처로 여겨져 채권의 인기가 크게 늘었다고 가정하겠다. 그리고 채권 수요가 증가해 시장 가격이 1200달러로 상승했다고 치자. 그러나 채권 가격이 상승하면 실효 수익률은 감소한다. 투자자는 여전히 연 50달러(발행 가격의 5%)를 받을 자격이 있다. 그러나 가격이 1200달러로 오르고 나서 이 채권의 수익률은 4.16%로 떨어졌다. 가격이 2000달러가 되면 수익률은 2.5%로 더 떨어질 것이다.

마찬가지로 투자자들이 미래에 금리가 상승하리라 예상한다면 다른 데 투자해야 더 나은 수익을 거둘 수 있으므로 수익률 5%인 채권의 매력도는 떨어진다. 이 경우 사람들이 채권을 매도하므로 채권 가격은 하락할 것이다. 채권 가격이 하락하면 채권의 실효 수익률은 상승한다. 가격이 500달러로 떨어지면 실효 수익률은 10%로 증가할 것이다.

바로 이런 원리 때문에 채권 가격이 오르면 수익률이 떨어지는 것이다. 반대로 채권 가격이 하락하면 수익률은 상승한다.

채권 수익률 곡선

시장에는 다양한 종류의 채권이 사고 팔린다. 그중에는 단기 채권(3개월 또는 1년 등)과 장기 채권(30년 등)이 있다. 기간이 중요한 이유는 장기 채권의 수익률이 시장이 예상하는 미래의 인플레이션에 대한 지표가 되기 때문이다. 시장이 앞으로도 쭉 높은 인플레이션을 예상한다면 화폐 가치가 감소하므로 투자자들은 미래 인플레이션의 영향을 보상받으려고 장기 채권에 더 높은 수익률을 원한다. 그러나 시장이 디플레이션을 예상한다면 화폐 가치는 상승할 테고 결과적으로 장기 채권의 수익률은 낮아질 것이다. 장기 채권 수익률이 단기 채권 수익률보다 낮을 때 수익률 곡선이 역전되었다고 표현하는데, 이는 시장이 앞으로 저성장과 디플레이션을 예상한다는 뜻이다. 채권 시장은 여러 차례 경기 하강을 정확히 예측했지만, 완벽한 족집게는 아니어서 가끔 투자자들의 뒤통수를 치기도 한다.

국채

가장 중요한 채권 시장은 국채 시장이다. 미국, 영국, 독일 같은 선진국은 채무 불이행 전력이 없으므로 이들 국채는 매우 안전한 투자처로 여겨진다. 그러나 채무 불이행 전력이 있는 국가들은 투자자를 충분히 유치하기 위해 더 높은 채권 수익률을 내걸어야 한다. 가령 1824년 이후 채무 불이행을 다섯 번이나 겪은 아르헨티나에서는 채권 보유자가 인플레이션이나 채무 불이행으로 손해 볼 위험을 보상하는 차원에서 수익률에 프리미엄이 붙는다. 2022년 아르헨티나 채권 수익률은 49%에 달했는데, 이는 일본의 0.2%, 영국의 4%와 극명히 대조된다.

국가가 외국의 투자자에게 채권을 발행해 자금을 조달할 때는 더 커다란 채무 불이행 위험을 수반한다. 1980년대 초 많은 개발도상국은 선진국들을 상대로 채권을 팔아 차입을 늘리고 많은 자본을 획득할 수 있었다. 그러나 자본 흐름이 고갈되고, 선진국 은행들이 상환을 재촉하자 개발도상국은 원리금을 상환할 수 없었다. 그 결과 제3세계에서 채무 불이행이 속출하고 부채가 쌓여만 갔다.

2012년 채권 시장에서 한 흥미로운 사례가 있었다. 당시 유로존 내 일부 국가의 채권 시장에 위기가 고조되어 채권 수익률이 솟구쳤다. 2009~2010년 그리스, 아일랜드, 이탈리아는 침체기를 맞아 적자폭이 확대되었다. 부채 상환 가능성에 먹구름이 낀 이들 국가의 채권 시장은 외면받기 시작했다. 채권 수요가 감소하면 수익률이 상승하는데, 이는 채권 시장에 감도는 긴장감의 징표다. 문제는 유로존 국가들이 더 이상 자국 통화를 사용하지 않으므로 각국의 중앙은행에서 화폐 발행량을 늘리고 시장을 안정화하는 방법으로 유동성 문제를 해결할 수 없었다는 점이다.

(실제로 예산 적자 폭이 컸던) 영국에서는 국채 수익률이 줄곧 낮게 유지되었다. 영국의 차이점은 유로존 소속이 아니라는 것이다. 따라서 중앙은행이 독자적 통화정책을 수행하고, 통화량을 늘려 채권을 매입할 수 있었다. 바로 이 이유로 자국 통화를 사용하는 국가는 화폐를 발행해 채무 불이행을 피하는 게 가능하다. 이때 유일한 단점은 화폐를 과하게 발행하면 인플레이션을 유발하고, 채권 가치가 하락하는 간접 효과를 일으킨다는 것이다. 인플레이션은 채권 가치를 떨어뜨린다. 투자자가 2%의 물가 상승률을 예상하고 수익률 5%짜리 채권을 구매하면 실질 수익률은 3%가 된다. 그러나 나중에 물가 상

승률이 9%가 되고 채권 수익률이 5%에 불과하다면 이는 사실상 실질 수익률이 마이너스 4%인 셈이다. 따라서 인플레이션은 부분적 채무 불이행을 야기할 수 있으며, 향후 투자자들은 채권을 매수하기를 꺼릴 것이다.

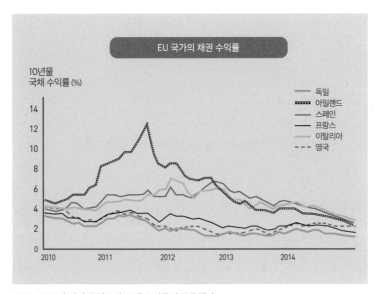

2012~2013년 몇몇 유럽국의 국채 수익률이 급등했다.

27

통화 가치가 궁금하다면

환율

환율은 한 국가의 통화 가치를 타국 통화에 비추어 평가하는 기능을 한다.

예컨대 1파운드당 달러 환율은 2022년 3월에는 1.31달러였고, 1900
년에는 4.50달러였다. 지난 100년 동안 미국 경제가 영국 경제를 앞
질러, 달러 가치가 상대적으로 높아지고 더 매력적인 투자 수단이 되
었음을 알 수 있다.

각국 통화 간 환율은 수요와
공급으로 결정된다.

환율 결정

화폐 가치도 다른 모든 재화와 비슷하게 기본적인 수요와 공급으로
결정된다. 미국 달러에 수요가 늘어나면 다른 통화에 비해 가치가 상

알아두면 쓸모 있는 경제학 상식 사전

승할 것이다. 화폐 수요는 여러 요인으로 결정된다. 장기적으로 중요한 요소는 상대적 물가 상승률이다. 일본의 물가 상승률이 0%이고 인도의 물가 상승률이 5%라고 가정하자. 이는 인도 상품의 가격이 일본 상품보다 더 빠른 속도로 오르고 있다는 의미다. 인도 상품의 가격이 비싸질수록, 소비자는 상대적으로 인도 수입품을 적게 사고 일본 수입품을 더 많이 살 것이다. 그러면 엔화 수요가 증가하고, 인도 루피 수요는 감소한다. 다시 말해 루피 대비 엔화 가치가 상승할 것이다.

단기적으로 환율은 금리의 영향을 받는다. 인도 중앙은행이 루피 가치가 하락할까 봐 우려하고 있다고 가정해 보자. 그렇다면 금리를 인상함으로써 인도의 은행들에 저축하게끔 사람들을 유인할 수 있다. 인도의 금리가 10%로 인상되고 일본의 금리가 0%라면, 이제 금융기관들은 높은 금리가 적용되는 인도 은행들에 돈을 예치하려는 강력한 유인이 생긴다. 특히 수십억 달러씩 투자하는 연기금으로서는 금리가 조금만 변해도 한 국가에서 다른 국가로 자금을 이동할 가치가 있다고 여긴다.

그러나 금리만 중요한 게 아니다. 투자자들은 경제 상태에 신뢰가 가지 않는 곳이라면 금리가 높더라도 투자하지 않는다. 예컨대 2022년 9월 아르헨티나는 금리를 엄청난 수익률에 해당하는 75%로 인상했지만, 투자자들은 초인플레이션과 정부의 채무 불이행 이력 때문에 선뜻 투자하지 않았다. 또 한 가지 기억할 점은 투자자들은 항상 남들보다 높은 수익을 위해 적극적으로 투자에 임한다는 것이다. 그들은 금리가 오를 때까지 가만히 기다리지 않는다. 미래에 미국 금리가 인상될 것 같다고 판단하면, 나중에 달러 상승에 따른 차익을 노리고 미리 달러를 매수해 둔다. 따라서 나날이 바뀌는 환율이 항상 논리적일 수는 없지만 대체로 경제 성장, 정치적 안정성, 인플레이션, 금리 등의 전망에 따라 결정되는 편이다.

화폐 가치 하락의 영향

자국 화폐 가치가 하락하면(평가 하락depreciation과 평가 절하devaluation 가 있다), 경제에는 긍정적 영향과 부정적 영향, 모두 발생한다. 일반적으로 소비자는 수입품 가격이 비싸져 손해지만, 수출업체들은 대외 경쟁력이 향상한다. 환율이 파운드당 1.30유로라고 가정하자. 유로존에서 1만 3000유로에 팔리는 자동차를 구입하려면 영국인은 1만 파운드의 비용이 든다. 그러나 파운드 가치가 1파운드당 1유로로 떨어지면 같은 1만 3000유로짜리 자동차를 이제 1만 3000파운드 주고 사야 한다. 수입 자동차의 유로 표시 가격은 그대로이지만, 영국 소비자에게는 30% 비싸졌다.

화폐 가치가 대폭 하락하면 특히 식량, 상품, 원자재의 수입 의존도가 높은 경제에서는 비용 인상 인플레이션에 직면할 수 있다. 게다가 비용 인상 인플레이션은 인플레이션 중에서도 특히 삶의 질을 떨어뜨리는 유형이다. 화폐의 대외 가치가 30% 하락하고 임금은 변화가 없다면 이 나라 화폐의 구매력은 크게 떨어진다.

긍정적 측면을 보자면, 수출업체들로서는 자사 제품을 찾는 소비자가 늘었다는 것이다. 한 영국 기업이 자전거를 5000파운드에 판매한다고 가정해 보겠다. 그전까지 유럽 소비자들은 이 자전거를 6500유로를 주고 사야 했다. 그러나 이제 파운드 가치가 하락하고 나서는 5000유로에 구입할 수 있게 된 것이다. 이는 영국의 수출 수요 증가,

알아두면 쓸모 있는 경제학 상식 사전

경제 성장, 무역수지 개선으로 이어질 것이다.

그렇다면 화폐 가치 하락이 경제에 도움이 될까? 이는 대답하기 까다로운 질문이다. 대공황 당시 많은 국가가 마이너스 성장, 높은 실업률, 디플레이션에 직면했다. 이러한 상황에서 자국 통화를 평가 절하한 국가들은 경제 성장이 촉진되고, 수출이 증가했으며, 인플레이션에는 미미한 영향만 미쳤다. 따라서 경기가 침체되고 자국 통화가 고평가된 상황에서 화폐 가치가 하락하면 경제 회복과 실업률 감소에 도움이 될 수 있다.

그러나 이미 인플레이션이 문제가 되는 상황에서 화폐 가치가 갑자기 떨어진다면 인플레이션이 끔찍한 수위까지 이를 수 있다. 소비자로서는 생활 수준이 퇴보하고 살림살이가 더욱 어려워질 것이다. 한 국가가 고인플레이션에다 화폐 가치 하락의 장기화까지 겹치면 기나긴 저성장으로 빠지는 경향이 있다. 예컨대 아르헨티나, 러시아, 브라질 같은 개발도상국은 모두 자국 화폐 가치가 하릴없이 떨어져 홍역을 치른 바 있다.

변동 환율과 고정 환율

영국, 미국, 일본 등지에서는 일반적으로 특정 환율을 목표로 정하지 않고 변동 환율제를 채택한다. 변동 환율제에서는 화폐 가치가 시장의 힘에 의해 결정된다. 1990년대 초 영국은 유로화의 전신인 유럽 환율 메커니즘ERM에 합류했다. 목표는 파운드 가치를 독일 마르크화에 맞춰 고정하는 것이었지만, 영국의 물가 상승률이 높았고 시장 세력은 파운드의 매도세를 부추겼다. 정부는 외환 보유고를 소진해가며 파운드를 사들이고 금리를 매우 높게 유지함으로써 파운드가

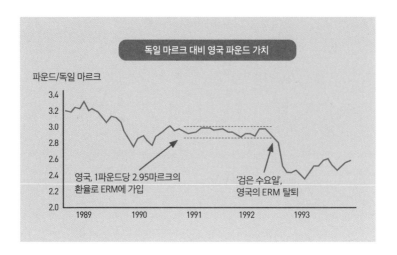

독일 마르크 대비 영국 파운드 가치

파운드/독일 마르크

영국, 1파운드당 2.95마르크의
환율로 ERM에 가입

'검은 수요일',
영국의 ERM 탈퇴

치를 방어하려 노력했다. 그러나 이 정책은 효과가 없었다. 고금리는 심각한 경기 침체를 가져왔고, 영국의 외환 보유고는 고갈되기 시작했다. 1992년 영국 정부는 ERM을 탈퇴할 수밖에 없었고, 파운드 가치를 절하했다.

이에 반해 중국은 비공식적인 환율 목표제를 운용해 나름 재미를 봤다. 중국은 수출 산업에서의 약진으로 대규모 무역 흑자를 기록한다. 통상 이는 위안화의 평가 상승으로 이어져야 하지만, 그러다가는 중국의 수출 경쟁력이 약해진다. 이를 막기 위해 중국의 국영 은행들은 부지런히 해외 자산을 매입했다(외국 자산과 통화를 매입하려면 위안화를 매도해야 한다). 또한 중국은 자본 통제를 통해 자국 밖으로 반출될 수 있는 통화량을 제한했다. 중국 경제의 규모로 보면, 세계에서 위안화의 중요성은 점점 커지고 있다.

28

중국은 왜 미국 자산을 사들일까
국제수지

국제수지는 한 국가와 세계 나머지 국가 간의 자금 흐름을 기록한다. 여기에는 정부와 민간 부문의 거래가 모두 포함된다.

국제수지는 크게 경상수지와 자본수지(금융수지로도 분류됨)로 나뉜다. 경상수지는 재화와 서비스 거래의 순 수취액을 기록하므로 세간의 시선이 가장 많이 쏠린다. 경상수지가 적자라는 건 해당 국가가 재화와 서비스를 수입하는 금액이 수출 금액보다 많다는 뜻이다.

한 국가가 경상수지 적자라면 변동 환율제에서는 금융/자본수지에서 흑자를 기록해야 한다(27장 164~168쪽 참조). 수입이 수출을 초과하는 국가는 수입 대금을 지불할 외환이 필요하므로 두 요소가 균형을 이루어야 한다.

국제수지가 균형을 이루는 이유
미국이 중국과의 공산품 교역에서 수입이 수출보다 많아 경상수지 적자라고 가정해 보자. 이때 중국은 수출의 대가로 상당액의 미화를 받게 된다. 중국은 이 여분의 미화로 미국 국채를 사거나 미국 자산에 투자할 수도 있다. 미국이 중국에 수입 대금으로 가령 1000억 달러를 지불한다고 치자. 그러나 그다음 중국은 미국의 금융 자산이나 실물 자산을 구입하는 데 1000억 달러를 재지출한다. 중국이 미국 자산 매입을 중단하면 어떻게 될까? 달러 공급량이 수요량을 능가해 달러 가치가 하락할 것이다. 그 결과 미국 상품은 상대적으로 저렴해지고 중국 수입품은 비싸진다. 달러 가치는 미국의 중국에 대한 경상수지 적자가 해소될 때까지 하락할 것이다. 바로 이 이유로 중국은 종종 미국 자산을 기꺼이 사들인다. 이로써 중국은 미국에 재정적 영향력을 행사하고, 더 중요하게는 중국 경제 성장의 큰 원천인 수출 경쟁력을 유지하는 데 도움이 된다.

경상수지 적자를 문제라고 봐야 할까?

경상수지 적자는 흔히 경제에 안 좋거나 해로운 징조로 여겨진다. 이는 국가의 경쟁력이 부족하고, 외국 수입품에 의존하며, 수출 이상으로 수입하고 있음을 시사한다. 또한 경상수지 적자는 외국인이 국내 자산에 청구할 지분이 늘어난다는 의미다. 예를 들어 영국은 1980년대 중반 이후 쭉 경상수지 적자를 기록했다. 그래서 외국인들에게 영국 부동산과 기업을 매각하는 식으로 자본 유입을 유도해 적자를 충당했다. 대규모 경상수지 적자의 또 다른 중요한 문제는 화폐 가치 하락에 취약할 수 있다는 것이다. 국가가 적자 상태일 때 자본 흐름이 고갈되면 화폐 가치가 하락한다. 이어서 국가 신뢰도가 떨어지고 수입 물가가 상승하게 된다. 이는 특히 자본 도피에 취약한 신흥 경제국에서 더욱 문제가 된다. 투자자들에게서 신뢰를 잃은 국가는 화폐 가치

국제수지 균형

자본수지
- 해외 직접 투자(FDI)
- 간접 투자(채권, 예금, 주식)

+ 1000억 달러(흑자)

경상수지 적자는 자본수지 흑자로 상쇄되어 균형을 이룬다.

경상수지
- 재화 거래
- 서비스 거래
- 투자 소득
- 이전 수지

- 1000억 달러(적자)

이 국가는 유입된 자본을 수입과 투자 자금으로 사용한다.

가 하락한다. 국제수지 문제는 1997년 아시아 금융 위기의 원인이었다. 당시 아시아 국가들은 자본이 유출되고 화폐 가치가 25% 넘게 하락하는 시련을 겪었다.

적자에 당황하지 말 것

그러나 장기간의 경상수지 적자를 별 탈 없이 감당해 내는 국가도 많다. 실제로 수입품이 많이 들어오면 가계는 더 다양한 상품을 소비할수 있어 생활 수준이 개선된다. 2022년 초 러시아에 제재가 가해진후 러시아의 경상수지는 개선되었다. 러시아는 여전히 가스와 석유를 고가에 수출했던 반면, 제재로 인해 소비재를 수입할 여력은 굉장히 제한되었기 때문이었다. 러시아인들이 루블을 주고 수입품을 사지 못하니, 오히려 루블의 가치는 강세 행진을 보였다. 그러나 경상수지 흑자 폭이 컸음에도 물자난 때문에 국민의 생활 수준은 하락했

1997년 아시아 금융 위기.

다. 이처럼 경상수지만으로는 한 나라의 경제 성과를 측정할 수 없다. 반대로 미국이 경상수지 적자를 자주 기록한다는 사실은 국내 생산에 의존하고 무역수지가 균형을 이루는 경우보다 더 활발한 가계 소비가 이뤄질 수 있음을 반영한다.

또한 자본 유입은 경상수지 적자를 충당해 국내 경제에 이로울 수 있다. 가령 외국 자본은 신규 공장과 에너지 발전소를 건설하는 비용으로 쓰이고, 나아가 경제 성장에도 보탬이 될 것이다. 미국은 경상수지 적자를 자주 겪지만, 대신 외국인이 미국 국채와 증권을 매수하는 덕에 자본수지 쪽에서 득을 본다. 이로써 미국 부채의 일부가 외국 자본으로 조달되어, 미국 정부의 차입 비용은 비교적 저렴해진다. 그렇다고 외국에서 유입된 자본이 경제에 마냥 이로운 것은 아니다. 신흥 경제국이 수입 자금을 조달하기 위해 차입하는 자본은 지속 가능하지 않고 향후 더 심각한 부채 문제를 야기할 수 있다. 이것이 1980년대에 터진 제3세계 부채 위기의 핵심 요인이었다. 개발도상국들은 차입으로 경상수지 적자를 관리해 상품과 원자재 수입을 늘릴 수 있었지만, 금리가 오르자 결국 막대한 빚더미에 올라앉고 말았다.

경상수지 적자를 줄이려면

경상수지 적자 폭이 커서 근심인 한 국가가 있다. 정부는 적자를 줄

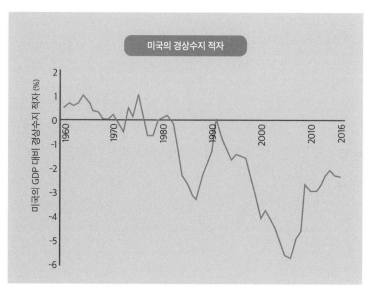

미국의 경상수지 적자

미국의 GDP 대비 경상수지 적자 (%)

경상수지 적자는 재화와 서비스의 수입이 수출을 초과하는 상태다.

이러면 무엇을 할 수 있을까? 가장 쉬운 방법은 세금을 올리거나 정부 지출을 줄여 소비 지출을 억제하는 것이다. 그러면 총수요가 감소해 수입 대금으로 빠져나가는 외화도 감소할 것이다. 덤으로 인플레이션 압력도 완화되고 국내 상품의 상대적 대외 경쟁력도 높아질 수 있겠다. 그러나 성장률이 내려가고 실업률이 올라간다는 아주 분명한 단점이 있어서 인기가 없다. 아니면 화폐 가치를 평가절하하는 방법도 있다. 화폐 가치가 하락하면 수출품은 상대적으로 저렴해지고 수입품은 비싸지기 때문에 경상수지가 개선될 가능성이 높다. 수요의 가격 탄력성이 비교적 크다고 가정할 때(즉 수요자가 가격 변화에 민감하게 반응), 수출액은 증가하고 수입액은 감소할 것이다.

화폐 가치가 하락하면서 오는 문제점은 수입품 가격이 비싸져서 국민의 생활 수준을 저하한다는 것이다. 수입품 가격이 오르니 인플레이션 압력도 커진다. 고인플레이션은 결국 자국 상품의 대외 경쟁력을 떨어뜨리므로 한동안은 경상수지 개선도 물 건너간다. 경상수지를 개선할 유일하고 지속 가능한 방법은 전반적인 생산성과 경쟁력을 키우는 것이다. 예컨대 공급주의 개혁은 노동 생산성을 높이고 나아가 수출 기업의 경쟁력을 강화할 것이다. 또 공공 기반시설에 투자해 교통 체계 등을 개선하면 비용 절감 효과를 기대할 수 있다. 이 같은 정책들이 성공하면 특별한 부작용 없이 수출을 늘릴 수 있겠지만, 현실적으로 정부 정책에만 기대어 경쟁력을 높이기란 어렵다. 생산성 향상은 대개 민간 기업의 혁신에서 비롯된다.

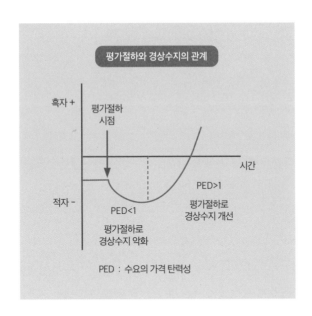

29

경제를 미세하게 조정하려 하는
통화정책

통화정책은 물가 안정과 경제 성장이 조화하도록 화폐의 수요와 공급을 관리하는 정책이다.

과거에는 통화정책을 정부가 운영했지만, 점차 독립된 중앙은행에 정책 결정권을 부여하는 국가가 늘어났다. 중립적인 경제학자들은 정치적 압력에 휘둘리지 않고, 선거철에 금리를 인하하려는 유혹에 빠지지 않는다는 근거에서다. 통화정책의 주된 수단은 금리 조정으로, 금리는 경제 활동에 매우 중요한 영향을 미치기 때문이다.

중앙은행은 시중은행이 예금 상품에서 제공하는 금리를 직접 정하는 게 아니라, 기준 금리 또는 레포^{Repo} 금리라고 불리는 대표 금리를 정한다. 기준 금리는 기본적으로 시중은행이 중앙은행으로부터 차입할 때 지불하는 금리다. 기준 금리가 변동하면 시중은행은 (늘 그런 건 아니지만) 대개 이 변동분을 예금 상품에 반영한다. 통화정책의 최우선 목표는 물가 안정이다. 예컨대 유로존의 유럽중앙은행^{ECB}은 물가 상승률 목표치를 2% 이하로 잡고 있다. 그러나 일반적으로 중앙은행은 인플레이션 외에 경제 성장과 실업에 미치는 영향도 고려한다.

인플레이션 완화

한 국가의 경제가 과열되어 임금과 물가가 상승하는 인플레이션으로 발전했다고 치자. 이때 중앙은행은 '열기를 식히기' 위해 금리를 인상할 것이다. 금리가 오르면 그 영향은 다방면으로 미친다. 첫째, 대출 비용이 비싸지므로 소비자들은 새 차를 살 때 신용카드로 구매할지, 대출을 받을지 고민할 것이다. 모기지 대출을 받은 가계는 고정 금리가 아닌 이상 원리금 부담이 자연스레 커질 테니 상환을 위해 지출을 줄여야 한다. 또한 기업도 대출 비용이 늘어날 것이므로 금리가 내릴 때까지 투자 결정을 보류할 것이다. 둘째, 금리가 높을수록 사람들이 비교적 저축을 더 선호하게 되므로 지출과 투자가 모두 위축된다. 셋째, 금리가 오르면 화폐 가치가 상승하는 경향이 있다. 미국 금리가 오르면 미국 은행에 예금하는 것이 더 인기를 끌며 달러 가치가 높아질 것이다. 그러면 수입품 가격이 저렴해져 인플레이션도 완화된다. 반면 수출품 수요가 줄어서 성장률은 둔화할 것이다.

성장이 주춤하면 경제에 인플레이션 압력이 누그러진다. 마찬가지로 침체기에 금리를 인하하면 수요가 증가하고, 성장이 촉진되며, 실업 해소에 도움이 된다. 이론상 통화정책은 경제를 미세 조정하고 고인플레이션과 고실업을 함께 막는 방책으로 사용될 수 있다. 그리고 정말 효과를 발휘할 때도 있다. 예컨대 1980년대 후반부터 2007년까지 미국은 물가 상승률이 낮고 경제 성장도 양호해서 대안정기 Great Moderation라고 불렸다.

통화정책의 어려움

그러나 실제로는 경기 순환을 관리하기가 훨씬 어렵다. 일단 정책이 효과를 발휘하기까지 어느 정도는 시차가 있다. 금리가 인하되어도 고정 금리 모기지 대출을 받은 주택 보유자가 이를 알아차리기까지는 오랜 시간이 걸릴 수 있다. 중앙은행이 미래 인플레이션 추세를 예측하고 그에 따라 금리를 변경하면 이상적이겠지만, 워낙 변수가 많아 경제 상황을 제대로 예측하기 어렵다. 심지어 현재의 경제 상황도 정확히 파악하기 어렵다. 예컨대 미국의 대침체는 2008년 1분기에 시작되었지만, 1년이 지나서야 경기 침체로 공식 선언되었다. 이처럼 경기 침체의 심각성을 파악하기까지 시간이 걸리므로, 침체에 대응하는 통화정책도 시차를 두고 진행된다.

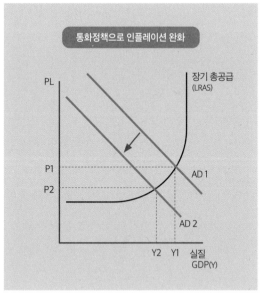

금리가 높을수록 총수요(AD)가 감소하고 물가 수준(PL)이 진정된다.

통화정책의 또 다른 문제는 사람들이 항상 경제 교과서에서 나오는 대로 행동하지는 않는다는 점이다. 경제에 신뢰도가 매우 낮다면 금리를 인하해도 지출 독려 효과는 거의 없을 것이다. 2009년에는 금리가 5%에서 0.5%까지 인하되었지만 은행, 기업, 소비자 모두 경제와 금융 상황에 불안 심리를 떨치지 못해 여전히 지출과 투자에 소극적이었다. 게다가 2009년에는 은행에 현금이 동난 탓에, 대출 비용이 저렴했음에도 대출에 사용될 유동성(현금)이 없다는 게 또 하나의 문제였다.

어려운 선택

더 큰 압박은 중앙은행의 정책 결정을 매우 어렵게 하는 예상치 못한 사건들이다. 예컨대 비용 인상 인플레이션이나 스태그플레이션 기간에 중앙은행은 어쩔 수 없는 딜레마를 마주한다. 물가 상승률과 실업률이 둘 다 높으면, (실업자가 더 늘어나는 걸 감수하고) 물가를 잡으려고 금리를 인상해야 할까, 아니면 (물가가 더 오르는 걸 감수하고) 실업률을 낮추려고 금리를 인하해야 할까? 중앙은행은 적어도 단기적으로 두 마리 토끼를 잡을 수 없기에 둘 중 하나를 선택해야 한다. 예컨대 2022년 미국은 고인플레이션에 직면했지만, 연방준비제도는 처음에 경기 침체를 우려해 금리 인상을 주저했다. 이후 그들은 인플레이션에 너무 뒷북 대응했다는 비판을 받았다. 그해 연말에야 인플레이션이 생각보다 쉽게 가라앉지 않는다는 사실을 깨닫고 얼른 금리를 인상했기 때문이다. 그러자 다른 쪽에서는 이 때문에 연방준비제도가 경기 침체의 위험을 자초한다고 비난했다.

알아두면 쓸모 있는 경제학 상식 사전

양적완화

통화정책에는 금리 조정만 있는 게 아니다. 2009년에는 금리가 0.5%로 인하되었지만, 경기는 여전히 침체를 벗어나지 못했다. 그러자 중앙은행은 좀 더 비정통적 수단인 양적완화에 의존했다. 이 과정에서 통화량이 창출되는데, 지폐를 찍어내는 것과 비슷하지만 그보다는 중앙은행 계정에 있는 전자 형태의 화폐가 늘어난다. 중앙은행은 이 돈으로 시중은행으로부터 자산(국채 등)을 매입한다. 이에 따라 채권 금리가 낮아지고 시중은행의 유동성(지급준비금)이 늘어났다. 이론상 은행은 유동성(현금)이 풍부해지면 기업에 더 많은 대출을 제공함으로써 경제 성장을 견인할 수 있다. 그러나 실제로 시중은행들은 본원통화가 증가한 덕에 운용에 한숨 돌렸지만 대출은 여전히 꺼렸으므

유럽중앙은행.

로 실제 투자 자금으로 쓰인 돈은 극히 일부에 불과했다. 양적완화는 일각에서 우려했던 인플레이션을 유발하지는 않았지만, 경제를 정상적인 성장 궤도로 되돌리지는 못했다. 이와 관련해 더 효과적인 정책은 중앙은행이 화폐를 발행해 일반 시민에게 직접 제공하는 '헬리콥터 드롭helicopter drop'이라는 방법이었다. 이는 헬리콥터에서 현금을 뿌리는 것과 비슷하나 더 통제된 방식이다. 이론적으로 이 현금은 은행들에 나눠주는 돈보다 지출과 성장의 독려에 더 효과적이다.

하지만 정부가 화폐를 과하게 발행하면 재앙을 초래할 때가 많다. 그동안 화폐 발행으로 초인플레이션과 경제 불안을 초래하는 사례가 여럿 있었다. 1860~1865년 미국 남북전쟁 당시의 남부 연합, 1922~1923년 독일, 1946년 헝가리, 2008년 짐바브웨 등이 그 예다.

2008년 10달러에서 1000억 달러까지 발행한 짐바브웨 달러 지폐.

알아두면 쓸모 있는 경제학 상식 사전

화폐 발행이 인플레이션을 유발하는 이유는 재화의 양은 그대로인데 통화량만 늘려 기업들이 가격을 올리게 하기 때문이다. 그것은 실제 생산량이나 부를 늘리는 데는 아무 도움이 되지 않는다. 따라서 시중에 돈이 지나치게 많이 돌면 인플레이션이 발생할 수 있다.

단 화폐를 발행해도 인플레이션 문제를 일으키지 않는 경우는 따로 있다. 경제가 심각한 침체기이고, 금리가 제로 수준이며, 물가 상승률이 매우 낮거나 마이너스인 경우다. 이 시나리오를 가리켜 대개 '유동성 함정liquidity trap'이라 한다. 하지만 화폐를 발행해 이에 대응하는 방법은 자칫 인플레이션으로 이어질 수 있기에 가능한 한 사용하지 않는 편이다.

30

현금은 보유하고 투자는 꺼린다
유동성 함정

유동성 함정은 저금리, 저성장이 특징인 경제 상태를 말한다.

특히 유동성 함정에서는 개인들이 현금 보유를 선호하고 대출이나 투자를 원치 않는 편이어서 금리를 인하해도 효과가 신통치 않다. 앞서 언급했듯(29장 175쪽 참조) 금리 인하는 대개 지출과 대출의 유인을 높인다. 금리가 인하되면 채권 수익률도 하락하므로 사람들이 채권을 팔고 지출을 늘릴 것이다. 그러나 금리가 제로에 가까우면 현금을 들고 있어도 손해 볼 게 없으므로 중앙은행의 조치가 지출과 투자 촉진에 거의 영향을 미치지 못한다. 이 경우 통화정책은 "실오라기를 미는 것pushing on a piece of string"과 같다는 말이 있다. 즉 약발이 안 먹힌다는 뜻이다.

유동성 함정에 빠지는 이유
첫째, 미래 경제 상황에 대한 신뢰도가 매우 낮은 경우다. 경제 신

일본은 1990~2000년대에 유동성 함정에 시달렸다.

뢰도가 높으면 기업은 열심히 투자하겠지만, 미래에 수요가 증가할 것 같지 않다면 투자보다 현금을 비축하는 편이 나을 것이다. 2007~2008년 글로벌 금융 위기 때는 많은 은행이 재정 위험에 처하는 바람에, 안 그래도 낮았던 사람들의 경제 신뢰도가 더욱 곤두박질쳤다. 부동산 거품이 꺼지고 돈을 잃은 많은 은행은 구멍 난 대차대조표를 메우느라 여념이 없었고, 많은 예금 고객을 유치하려 노력하는 한편 대출 제공은 줄이려 했다. 기업들도 손실을 입기는 마찬가지여서, 투자보다는 대차대조표 개선에 더욱 집중했다.

둘째, 저인플레이션이나 디플레이션 시기에는 현금이 그 가치를 잃지 않으므로 현금을 보유하는 이득이 더 크다. 1990년대와 2000

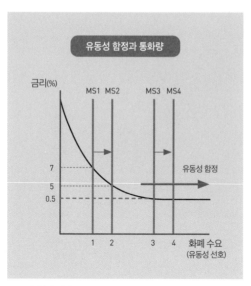

유동성 함정에서는 통화량(MS)이 증가해도 금리가 하락하지 않는다.

년대 일본은 장기간의 디플레이션을 겪으며 유동성 함정의 전형적인 예를 보여주었다. 디플레이션율이 2%(연 물가 2% 하락)일 때 현금을 보유하면 실질 금리 +2%와 같다(디플레이션 동안 화폐 가치는 증가한다). 실질 금리는 명목 금리에서 물가 상승률을 뺀 값이다. 이 경우 금리는 0%, 물가 상승률은 -2%였다. 따라서 이 실질 금리(제로에서 -2%를 빼면 +2%다)는 사실 제법 높다. 현금을 가지고만 있어도 매년 실질 기준으로 2%의 이자가 붙는 셈이다. 일본에서는 디플레이션 동안 금리를 제로로 인하했지만, 이는 경제 성장 촉진에 전혀 효과가 없었고, 디플레이션 압력 완화에도 거의 효과가 없었다.

유동성 함정이 발생할 가능성은 인구 구조 변화에 따라서도 달라질 수 있다. 젊은 층이 많고 인구가 증가하는 지역은 투자 지출이 더 활발하고 성장률도 높은 경향이 있다. 그러나 고령층이 많은 지역은 사업의 투자 유인이 작고 현금 저축 선호도가 높다. 따라서 후자 지역에서 유동성 함정이 발생할 가능성이 더 크다.

유동성 함정의 해결책 – 재정정책

유동성 함정을 케인스주의 방식으로 접근하자면 재정정책을 사용해야 한다. 재정정책은 기업 투자를 직접 유발할 뿐 아니라, 당장 가시적 효과가 나타나지 않는 통화정책의 미약한 신호에 민간 부문이 반응하길 기다릴 필요가 없기 때문이다. 재정정책을 펼치려면 정부 지출과 조세 정책을 수정해야 한다. 예를 들어 민간 부문이 투자에 소극적이면, 정부가 도로, 학교, 병원 건설 등 공공 투자로 직접 소매를 걷어붙이는 식이다. 이 방법의 장점은 경제의 총수요를 직접 늘린다는 것이다. 그 결과 민간 부문에 신뢰도를 끌어올리고 더 활발한 지출을 독려하는 승수 효과로 이어질 수 있다. 재정정책의 또 한 가지 장점은 금리가 제로에 가까운 상황에서 정부가 매우 낮은 금리로 돈을 빌릴 수 있어 부채 상환 부담이 상당히 작다는 점이다. 덕분에 수지 타산에 있어서 거액의 순익을 거두지 않아도 된다. 물론 시간이 지날수록 금리가 상승하여 정부가 갚아야 할 원리금이 불어날 수 있기는 하다. 그래도 유동성 함정이 남아 있는 시기에 재정정책은 낮은 차입 비용으로 단기간 경기 부양 효과를 일으키는 징검다리 역할을 할 수 있다.

한편 재정정책이 '구축 효과crowding out'를 초래한다고 우려하는 사람들도 있다. 구축 효과는 공공 지출이 증가하면 민간 부문의 지출이 그만큼 감소하므로 경제 전체에 수요와 성장이 견인되지 않는다는 의미다. 그러나 유동성 함정에서는 민간 부문이 남은 현금을 저축하고, 정부에 대출해 줘도 투자에 지장받지 않을 만큼 넉넉한 현금을 보유하고 있으므로 구축 효과가 발생하지 않는다. 오히려 그 반대인 '구입 효과crowding in'를 기대할 수 있다. 정부의 부양책으로 민간 부문이 여분의 저축을 더 기꺼이 지출하게 되기 때문이다.

비정통적 통화정책

유동성 함정에 접근하는 또 다른 방법으로는 목표 물가 상승률을 더 높게 잡거나 통화량을 늘리는 등 비정통적 통화정책이 있다. 가령 중앙은행이 화폐를 더 많이 인쇄해 통화량을 늘린다고 가정하자. 이렇게 늘어난 돈이 모두 저축으로 가지 않는 이상 일부는 수요 증가로 이어질 것이며, 이는 약간의 인플레이션과 함께 경제 활동을 좀 더 정상 궤도로 올려놓을 것이다. 여기서 핵심은 사람들의 기대 인플레이션이 더 상향 조정되면 유동성 함정의 악순환을 끊는 데 도움이 된다는 점이다. 다만 비정통적 통화정책이 어려운 건 경제학자 크루그먼의 말마따나 중앙은행이 "물가 안정의 책임을 내려놓겠다고 확언credibly promise to be irresponsible"해야 한다

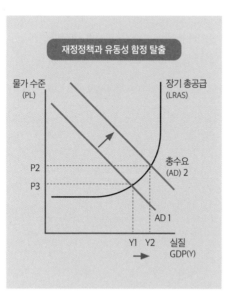

재정정책의 목표는 침체기에 수요를 촉진하는 것이다.

알아두면 쓸모 있는 경제학 상식 사전

는 점 때문이다. 냉철하고 책임감 있게 물가 안정에 힘쓴다는 평판을 잃고 싶지 않은 중앙은행들로서는 쉽지 않은 일이다. 일본 중앙은행은 20년 동안 디플레이션의 악순환을 깨려는 노력에 미온적이었고 실제로 성공한 사례도 없다.

31

꼬리에 꼬리를 무는
승수 효과

승수 효과는 최초의 투자 증가가 국가의 최종 생산량 증가로 확대되는 과정을 설명하는 개념이다.

경기 침체기에 정부가 병원 100곳을 신축하기 위해 50억 파운드를 추가로 지출하기로 했다고 치자. 정부 지출이 증가한 만큼, 국내 생산량도 50억 파운드어치 증가할 것이다. 정부 지출은 원자재 구매, 다양한 공급업체에 대금 지급, 노동자의 추가 임금 지급으로 이어진다. 이 50억 파운드가 모두 소비되면 GDP가 50억 파운드 증가하는 것과 같다. 그러나 승수 효과에 따르면 그 이상으로 증가할 수 있다. 실업자가 병원 신축에 동원되면 소득이 생겨 지출을 늘린다. 그 지출은 또 상점 주인과 온라인 소매업체의 소득 증가로 이어진다. 이렇게 증가한 수요에 기업은 생산을 늘려 대응한다. 결국 병원과 무관한 기업들까지 더 많은 직원을 고용하게 되며, 이에 따라 소득이 추가로 증가할 수 있다. 한마디로 파급 효과knock-on effect가 퍼져 나간다. 처음의 부양책이 낳은 산출량은 계속 눈덩이처럼 불어난다.

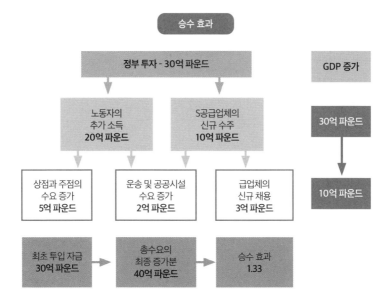

그렇다고 정부 지출만이 경제의 자금원 역할을 하는 건 아니다. 민간 투자금이나 수출 대금도 경제 안으로 투입된다. 또 대규모 스포츠 행사로 갑자기 관광객이 유입되면 그들 주머니에서 10억 파운드의 지출이 추가로 풀릴 수 있다. 이로써 호텔과 레스토랑의 소득이 늘면, 이들 업체와 직원의 씀씀이도 늘어날 것이다.

승수 효과의 한계

이렇게 경제에 투입된 지출 중 상당 부분이 꼬리에 꼬리를 물고 추가 지출로 파급된다면, 이론상으로는 승수 효과가 어마어마할 것이다. 그러나 현실에서는 승수 효과가 몇몇 요인 때문에 제한되며 때로는 아예 나타나지 않기도 한다.

승수 효과의 크기를 결정하는 첫 요소는 투입된 지출에서 얼마

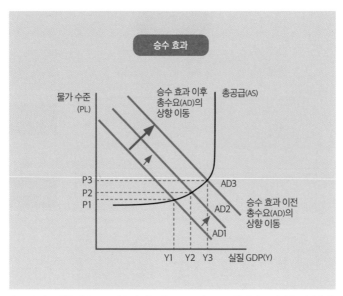

승수 효과는 최초 총수요 증가분이 최종 총수요 증가분으로 확대되는 과정을 설명한다.

만큼이 경제 활동 도중 발이 묶이는지다. 예를 들어 건축 노동자들이 병원 건립에 고용되어 소득이 늘어나면, 당장 그들이 내야 할 소득세도 늘어나게 된다. 다시 말해 그 소득의 전액이 경제로 흘러가지는 않을 것이다. 아니면 노동자들이 남는 돈을 저축하여, 소비 지출이 늘지 않을 수도 있다. 또한 그들이 추가 소득의 일부를 수입품 소비에 지출하면, (해외 수요가 증가할 뿐) 국내 소득은 증가하지 않는다. 따라서 정부의 병원 신축 계획으로 증가한 노동자 소득 1000파운드당 경제에 추가로 창출된 지출은 가령 200파운드에 불과해 최종 승수 효과는 1.2가 될 수 있다. 투입액은 1000파운드이고 최종 증가한 GDP는 1200파운드다.

구축 효과

그러나 승수 효과에는 또 다른 중요한 제약이 따른다. 실업률이 매우 낮아 완전 고용에 가까운 경제를 가정해 보겠다. 정부가 병원 신축 예산을 50억 파운드 늘리려면 이 추가 자금은 어디서 조달해야 할까? 세금을 올리면 납세자의

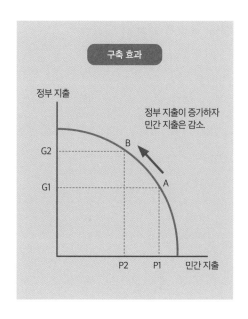

가처분 소득이 줄어든다. 또는 민간 부문에 국채를 팔아 차입으로 조달할 수도 있다. 대신 민간에서 국채를 매입하고 나면 민간 투자에 쓸 자금이 줄어든다. 따라서 이 시나리오에서는 정부의 추가 지출이 실제로는 소득의 50억 파운드 증가로 연결되지 않는다. 그저 민간의 손에 있던 돈이 정부 손으로 옮겨졌을 뿐이다. 또 어떤 사람들은 정부 지출이 민간 부문보다 비효율적이어서 경제 생산량이 도리어 줄어들 것이라 주장하기도 한다.

또는 경제가 거의 최대로 가동되는 상태에서 자금 투입량이 증가하면 인플레이션만 발생하기 쉽다. 경제에 돈이 추가로 유입되면 소비 지출은 늘어나지만, 기업은 수요 증가에 대처하지 못해 제품 가격을 올려서 대응한다. 이때 실제 생산량은 변함없으므로 승수 효과는 0에 가깝다.

승수 효과가 중요한 이유

승수 효과는 정부가 재정정책으로 경기를 부양하려는 침체기에 특히 중요하다. 승수 효과가 양수라면 정부 지출을 늘리는 편이 목표 달성에 효과적이다. 그러나 승수 효과가 0이라면 재정정책은 아무 효과가 없을 것이다. 바로 이 때문에 정부는 대개 인적, 물적 자원이 놀고 있는 침체기에 재정정책을 추진한다. 이런 상황에서는 승수 효과가 더 잘 통할 가능성이 크다.

음의 승수 효과

승수 효과는 반대로도 작용한다. 자동차 대기업이 문을 닫으면 많은 노동자가 일자리를 잃어 국민 소득이 감소하게 된다. 그러나 사람들이 일자리를 잃으면 지갑을 닫아 버리므로, 자동차 업계와 관련 기업의 매출도 줄어들 것이다. 이는 특정 주력 산업에 의존하는 지역에서 더욱 문제가 된다. 그 지역의 대부분 주민이 어느 정도 연관된 주력 산업이 쇠퇴하면 지역 전체가 영향을 받는다. 예컨대 미국 중서부와 북동부가 '러스트 벨트(녹슨 지역)'라 불리는 이유는 대규모 제조업체들이 문을 닫으면서 많은 실업자가 일자리를 찾아 떠났고, 결국 지역 전체가 쇠퇴하고 가난해졌기 때문이다.

알아두면 쓸모 있는 경제학 상식 사전

32

사이좋게 이득 보는 방법
비교우위

비교우위란 한 국가가 어떤 재화를 다른 국가보다 비교적 더 적은 비용으로 생산할 수 있는 경우를 말한다.

여기서 중요한 단어는 '비교적'이다. 예컨대 산업 선진국 독일은 식량에서 자동차까지 다양한 재화를 신흥 경제국 아르헨티나보다 더 낮은 비용으로 생산할 수 있다. 그렇다고 독일이 이 모든 재화를 직접 생산하는 것이 바람직하다는 뜻은 아니다. 식량을 재배하겠다고 숙련 노동자의 기술을 썩힌다면 독일의 산업 잠재력을 낭비하는 셈이다. 대신 독일과 아르헨티나가 각자의 비교우위 분야에 특화한 후 남은 양을 서로 교환하면 양쪽에 이득이 된다.

독일이 일정량의 자원으로 식량 1단위 또는 자동차 4단위를 생산할 수 있다고 가정해 보자. 이 경우 독일이 식량 1단위를 생산하기로 결정하면 기회비용은 포기된 자동차 4대와 같다. 따라서 기회비용은 4가 된다.

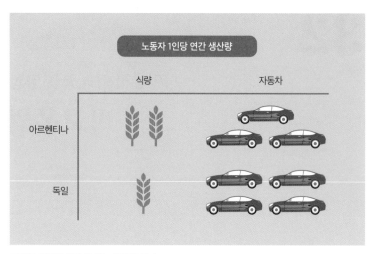

독일은 자동차 생산에 비교우위가 있다.

아르헨티나는 자동차 3단위 혹은 식량 2단위를 생산할 수 있다. 즉 그들이 식량 1단위를 생산할 때 기회비용은 1.5다.

따라서 아르헨티나가 식량 생산에 특화한다면 기회비용이 훨씬 낮아진다. 독일은 식량 1단위당 자동차 4단위를 포기해야 하지만, 아르헨티나는 1.5단위만 포기하면 된다. 양국이 각자 비교우위가 있는 분야에 특화하면 둘 다 생산량이 배가될 것이다. 독일은 자동차 8단위를, 아르헨티나는 식량 4단위를 생산하면 된다. 특화 후 총생산량은 양국이 각자 식량과 자동차를 모두 생산할 때보다 더 많아진다.

비교우위의 이점은 여기서 그치지 않는다. 앞의 예에서는 규모에 대한 수익이 불변이라고 가정했지만, 현실에서는 특정 산업에 특화하면 규모의 경제가 일어날 가능성이 높다. 제조업에 특화된 독일은 효율적인 제조 공정으로 평균 생산 비용을 낮출 수 있다. 아르헨티나는 농업에서 규모의 경제를 누린다.

비교우위론은 19세기 경제학자 데이비드 리카도David Ricardo가 발전시켰다. 그는 포르투갈과 영국이 포도주(포르투갈의 비교우위)와 직물(영국의 비교우위)을 거래하는 예를 제시했다. 그의 이론은 자유무역의 중요한 이론적 토대가 되었다.

리카도는 비교우위 이론을 발전시켰다.

신무역이론

신무역이론New trade theory은 비교우위가 기존의 통념만큼 중요하지 않다고 주장한다. 대신 현대 생산의 핵심으로 비교우위가 아닌 규모의 경제를 강조한다. 요즘처럼 생산이 세계화된 산업이면 어떤 제조 공정에서든 규모가 클수록 규모의 경제 효과로 평균비용이 낮아지므로 생산비가 현저히 절감된다. 따라서 중요한 것은 특정 산업에 특화하고 그로부터 규모의 경제 효과를 최대한 얻는 것이다. 이 이론에 따르면 애초에 주어진 비교우위는 그다지 중요하지 않을지도 모른다.

신무역이론의 또 다른 특징은 무역에서 가장 큰 이득을 얻으려면 가까운 이웃 국가와 거래해야 한다는 것이다. 운송비도 절감할 뿐 아니라 서로 문화적, 사회적, 경제적 가치도 공유하기 때문이다. 예컨대 유럽의 의류 기업들은 아시아 기업들이 따라 하기 힘든 유럽의 패션 정서를 잘 이해한다. 저가 의류의 경우엔 동남아 제조업체가 계속 비교우위를 유지할 것이다. 그러나 좀 더 멋지게 차려입는 사람들을 겨냥하는 의류라면 가격보다는 소비자 취향을 충족할 품질과 능력이 더 중요하다.

비교우위의 한계

그밖에 비교우위론의 한계는 또 있다. 먼저 이론상 무역에 마찰이 없다고 가정한다. 하지만 현실에서는 몇 가지 무역 장벽이 있다. 최근 몇 년간 기업들은 생산시설의 입지를 다시 생각하기 시작했다. 2021년에는 코로나19로 공급망이 막히고 운송비가 상승하자 이에 대응하는 차원이었다. 또 2022년에는 러시아의 우크라이나 침공이 그 계기가 됐다. 2022년에는 기업들이 국내 시장과 더 가까운 곳에서 생산을 재개하기로 하면서 생산기지를 본국으로 복귀시키는 경우가 많아졌다.

비교우위의 효과를 가로막는 또 다른 요인은 관세 장벽과 금수 조치다. 이들은 보복과 교역량 감소로 이어져, 비교우위의 이득을 무색하게 할 가능성이 있다.

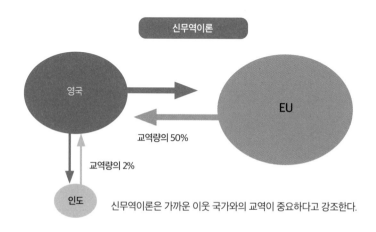

신무역이론은 가까운 이웃 국가와의 교역이 중요하다고 강조한다.

알아두면 쓸모 있는 경제학 상식 사전

33

명과 암
세계화

세계화는 세계 경제가 점점 통합해 가는 과정이다.

과거에는 국가 경제가 주로 자립적이었다면, 세계화 이후로는 전 세계 국가 간 무역이 증가하고 경제적 상호 의존도가 높아졌다. 또한 개인과 기업이 국경의 제약을 덜 받게 되면서 노동과 자본의 이동이 더욱 활발해졌다. 세계화는 단지 20세기만의 현상이 아니라, 수 세기 동안 사회가 진화하는 과정의 일부였다. 그러나 특히 지난 한 세기에 세계화가 급물살을 타면서, 이제 대부분의 산업이 세계 경제에 깊이 통합되었다. 한 자동차가 어디서 생산되었는지 알려면 구성 부품이 여러 국가에서 만들어지는 만큼 더 이상 어느 한 국가만 꼽을 수 없게 되었다.

세계화에는 위협과 기회가 공존한다. 무역량이 증가한 이래 특히 아시아를 필두로 전 세계의 빈곤율이 감소했다. 실제로 절대 빈곤율이 감소한 것은 지난 50년간 의외의 성과 중 하나이며, 여기에 세

컨테이너선은 규모의 경제 효과를 톡톡히 누린다.

계화가 어느 정도 이바지한 게 사실이다. 그러나 세계화가 우려스럽기도 한 이유는 전 세계적으로 생산을 아웃소싱함으로써 지역 산업과 일자리를 잠식할 수 있다는 위협 때문이다. 또한 전 세계적 소비 증가로 인한 재생 불가능 자원의 고갈, 생산량 증대 과정에서의 오염 등 환경 문제를 일으킨 주범으로도 꼽혀 왔다.

세계화를 이끈 원동력
제2차 세계대전 이후 주요 선진국들은 대체로 평화와 번영이 이어졌다. 그리고 이 기회에 기업들은 해외 시장 진출을 모색하기 시작했다. 기술과 운송망의 발전에 힘입어 국제 무역은 더욱 수월해졌다. 하물며 컨테이너 같은 사소한 운송 수단도 운송 비용을 절감하고 훨씬 경제적인 무역을 가능하게 하는 데 지대한 공을 세웠다. 실제로 제품과 부품의 운송비가 워낙 저렴해져, 이제 기업들은 점점 전 세계 여러 국가에 걸쳐 특화하는 방식으로 생산하고 있다. 예컨대 애플의

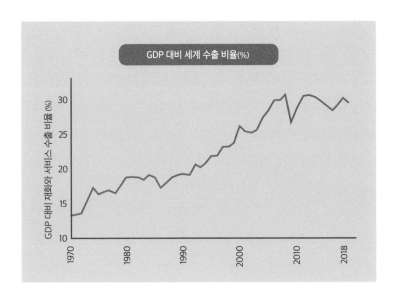

아이폰은 전 세계 공장에서 생산하는 여러 부품으로 완성된다. GPS 장치와 화면은 각각 스위스와 중국에서 제조되며, 연구 개발은 미국에서 이루어진다. 실제로 아이폰 제조에 관련된 국가 목록을 나열하자면 상당히 길어서, 그야말로 진정한 글로벌 제품이라 볼 수 있다. 세계화의 또 다른 요인으로는 유럽연합EU, 북미자유무역협정NAFTA, 아세안자유무역협정AFTA 같은 여러 무역권이 형성되면서 지역 통합이 증가했다는 점도 꼽을 수 있다.

세계화의 문제

세계화는 많은 비판도 불러일으켰다. 일단 강력한 기세로 전 세계로 뻗어나가는 다국적 기업들을 모두가 반기는 건 아니다. 세계화 반대론자들은 경쟁력이 부족한 토종 기업이 하나둘 몰락하고 결국 문화다양성이 감소했다고 주장한다. 더 큰 문제는 세계화가 몰고 온 거대한 변화로 일부 산업이 몰락하고 구조적 실업이 발생했다는 것이다. 예컨대 미국과 유럽에서는 세계화가 전통적 제조업에서 실업자가 양산된 원인으로 지목되며, 이로써 미숙련 육체노동자가 큰 타격을 입었다는 비판이 일고 있다. 이론상 이러한 실업은 세계화로 창출된 신규 일자리로 해결되어야 한다. 그러나 세계화에 뒤처진 사람들은 신성장 업종으로 원활히 전환하기 어려운 게 현실이며, 이러한 구조적 문제를 지적하는 목소리가 거세지고 있다.

다국적 기업은 흔히 경제에서 투자와 성장을 이끈다고 하지만 단점도 있다. 그들은 자신의 영향력과 규모를 이용해 각국 정부에 법인세 인하나 세금 우대 혜택을 달라고 압박하곤 한다. 지난 50년간 세계화가 진행되면서 전 세계 법인세율은 꾸준히 하락했고 조세 회피 건수도 증가했다. 이제 아마존이나 애플 같은 다국적 기업은 이윤과 매출을 조세 피난처로 숨기는 데 익숙해졌다. 그만큼 평범한 납세자

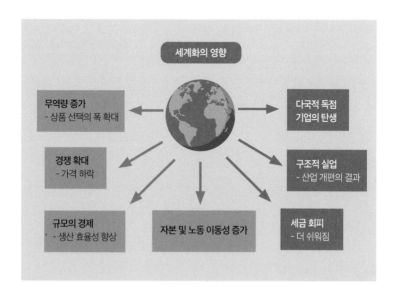

알아두면 쓸모 있는 경제학 상식 사전

들은 세계화의 혜택에서 소외되고 있다.

또한 세계화가 지구의 갖가지 환경 문제를 가속화했다는 비판도 있다. 세계 무역량이 늘어나면서 천연 원자재 수요가 계속 증가하고 그 결과 천연자원이 고갈되는 환경적 외부효과가 발생했기 때문이다.

세계화의 마지막 문제는 노동과 자본의 이동량이 늘어나면서 발생한 안타까운 부작용이다. 예컨대 런던, 뉴욕 등 특정 대도시에 거주하고 싶어 하는 수요자들이 많아졌다. 자본의 자유로운 이동으로 이들 도시의 부동산 가격이 크게 상승했다. 그 결과 사회의 궂은일을 도맡아 하는 필수 노동자들은 내 집 마련도 월세살이도 더욱 어려워지는 등 사회가 불평등해졌다. 반대로 저소득 국가에서는 세계화가 숙련 노동력의 유출을 부추길 수 있다. 개발도상국에서 최고의 인재

인도 자이푸르의 한 맥도날드 매장. 다국적 기업은 전 세계 각국에 진출해 제품을 판매한다. 그들은 상대국의 일자리 창출과 경제 성장을 돕지만, 자신들의 규모를 이용해 정부에 일방적인 영향력을 행사할 수 있다.

들이 더 높은 임금과 더 많은 기회를 찾아 자국을 떠나면, 기업가 정신이 발현하기 어려워진다. 그 결과 저소득 개발도상국에서는 기회가 더욱 줄어들 것이다.

세계화를 정당화하는 근거

일부 경제학자들은 이러한 비판이 오해에서 비롯된다고 주장한다. 그리고 세계가 여러 환경 문제에 직면한 건 사실이지만, 이를 해결하려면 세계화 이전으로 되돌아갈 게 아니라 환경 문제를 완화하기 위한 올바른 유인책과 정책이 필요하다고 말한다. 사실 이러한 환경 문제야말로 전 세계가 함께 대응해야 할 문제라고 힘주어 주장할 사람도 있을 것이다. 지구 온난화는 각국이 따로 대처하려 노력해봤자 소용없다. 탄소 배출을 줄이려면 범세계적 협력이 필요하다.

세계화 과정에서 일시적으로 구조적 실업이 발생했지만, 이는 새로운 경제 현상이 아니라 수 세기 동안 이어져 온 자본주의 경제의 특징 중 하나였다. 세계화를 막는다고 해서 이러한 경제 변화에서 노동자를 보호할 수 없다. 대신 우리는 세계화의 장점들에 더 초점을 맞춰야 한다. 이를테면 세계화 이후 무역이 활발해지고, 제품 가격이 낮아졌으며, 글로벌 생산에 의한 규모의 경제가 발달했다. 또한 세계화가 개발도상국에 도움이 되지 않는다는 생각도 오해다. 일부 숙련 노동력이 유출되겠지만, 일반적으로는 가족에게 돌아가는 송금(자본 이동)이 증가한다. 세계화는 무역의 이득, 자본 유입, 생활 수준 평준화 등으로 많은 사람들을 빈곤에서 구출한 일등 공신이었다.

오늘날 세계화된 뉴욕은 국제적으로 중요한 도시가 되었다.

34

어쩌면 기회를 잡을 수 있는
관세와 자유무역

지난 세기에는 수입 관세가 정부 수입의 중요한 원천이었다.

18세기 초에는 미국 연방 세수입의 무려 95%가 수입 관세에서 나왔다. 관세는 정부에 편리한 수입원이었고, 국내 소비자와 노동자보다 외국 생산자에게서 세금을 거두기가 정치적으로 더 쉬웠다. 그러나 높은 관세는 무역을 위축시키고 일반 시민들의 생활 수준을 더욱 악화할 수 있다. 비록 일반인들은 확신하지 못하더라도, 경제학자들은 자유무역이 경제적 후생을 증진한다는 데 대부분 동의한다.

자유무역을 옹호하는 논리는 수입 관세를 낮추면 제품 가격이 저렴해져 소비자와 기업의 가처분 소득이 사실상 늘어난다는 것이다. 소비자는 더 저렴한 수입품을 구입함으로써 다른 품목에 돈을 더 쓸 여유가 생긴다. 따라서 명확히 눈에 보이지는 않아도 소비자의 구매력이 높아져 국내 일부 기업에서는 수요가 증가할 것이다. 자유무역에서 중요한 점은 한 국가만 수입 관세를 인하하고 상대국은 인하하

관세는 무역량과 소비자 후생을 떨어뜨릴 수 있다.

지 않더라도, 관세를 인하한 국가는 더 나은 결과를 얻을 수 있다는 것이다. 그러나 한 국가가 수입 관세를 인하하면 상대국도 관세를 인하해 화답하는 것이 보통이다. 따라서 비교우위 산업에 특화해 수출로 먹고사는 기업들도 수요 증가에 대처하고자 신규 일자리를 창출할 것이다. 자유무역은 비효율적 산업에서 더 효율적 산업으로 한 국가의 경제 구조를 개편하는 경향이 있지만, 경제 전체적으로는 손실보다 이득이 더 크다.

물론 국내 일부 산업이 희생양이 될 수 있는 건 사실이다. 국제 경쟁력이 없는 기업이 사업을 계속 이어 나가려면 관세의 도움이 필요할 것이다. 그렇다고 관세 장벽을 낮추다간 경쟁력을 잃어 폐업해야 한다. 바로 이 때문에 정부는 관세를 유지하라는 정치적 압력을 많이 받는다. 그러나 특정 산업은 관세로 득을 볼지 몰라도, 더 넓게 보면 전체 경제는 그렇지 않다. 관세 장벽을 낮추면 비교우위가 있는 새로

1985년 삼성 공장. 20세기 한국은 유치산업infant industries을 보호하기 위해 관세를 활용했다.

운 산업의 성장 기회가 열릴 수 있다. 자유무역은 전 세계, 특히 동남아시아의 경제 성장을 촉진한 중요한 요인이었다.

그러나 자유무역이 결과적으로 경제 후생을 증가시키는 것으로 나타나더라도, 어디에나 균등하게 이득을 준다고는 볼 수 없다. 그보다는 다른 국가보다 유독 자유무역의 혜택을 더 많이 누리는 일부 국가가 있게 마련이다.

예컨대 현재 많은 개발도상국의 비교우위는 천연 원자재, 식량 작물과 같은 1차 생산물 생산에 쏠려 있다. 그렇다면 자유무역 논리에 따라 개발도상국은 이러한 1차 산업에 특화해야 한다는 결론이 나온다. 그러나 이는 장기적으로 해로울 수 있다. 1차 산업은 변동성이 커서(가격 변동이 심한 만큼 수익도 불안정함) 경제 성장과 실질임금 상승을 기대하기에 한계가 있다. 전 세계적으로 봤을 때 소득이 증가하면 식량이나 원자재 소비가 늘어나기보다, 전자제품 같은 고부가가치 상품 소비가 늘어난다.

따라서 어떤 개발도상국은 새로운 기반 산업을 다변화하고 키워서, 장기적으로 생산성 향상과 경제 성장을 꾀해야겠다고 판단할 수도 있다. 그러나 관세 없이는 항상 수입품이 더 저렴하므로, 이 새로운 산업은 결코 수입품과 어깨를 나란히 할 경지에 오를 수 없다. 따라서 임시 관세를 부과하면 이러한 유치산업이 어느 정도 경험을 쌓을 시간을 벌고, 적어도 국내 시장에서는 판로를 확보하게 된다. 유치산업이 점점 성장해 규모의 경제를 달성하면, 관세가 덜 필요해지고 차츰 인하할 것이다. 이 사실은 개발도상국이 일부 제한적 관세를 통해 효과를 볼 수 있다는 강력한 근거가 된다. 영국, 미국, 한국 등 선진국은 모두 경제 발전의 단계에서 관세로 자국 산업을 보호하는 기간을 거쳤다. 자유무역이 모든 나라에 이익이라 주장하는 것은 흔히 '사다리 걷어차기'에 비유되곤 한다.

관세에 있어서 또 고려해야 할 요인은 관세를 철폐할 때 발생할 수 있는 현실적 어려움을 무시해선 안 된다는 것이다. 관세 철폐로 어떤 산업이 무너지면 구조적 실업이 발생하고 해당 산업의 근거지가 쇠퇴할 수 있기 때문이다. 경제 전체의 이익은 증가하겠지만 이 이익은 대규모 인구에 걸쳐 얇게 분산된 반면, 손실은 일부 인구에 훨씬 뼈아프게 집중타를 안겨줄 것이다. 때에 따라서는 해당 산업에 혁신의 기회를 주려고 임시 관세를 부과하자는 주장에 동의하는 경제학자들도 있다. 그러나 한번 도입된 '임시' 관세는 철폐하기가 매우 어렵다는 게 함정이다.

그렇지만 경기가 어려운 시기에 관세에 의존하면 대개 상황이 더 악화한다. 대공황 당시 관세가 도입되면서 세계 무역이 더욱 위축된 것이 대표적 예다. 1930년 미국은 은행들의 줄도산과 통화량 축소로 여러 업종에서 수요가 붕괴했다. 산업가와 노동자들은 값싼 수입품의 유입을 막고 내수를 확대하려면 관세가 해결책이라 믿었다. 미국

의회는 여러 수입 품목에 고율의 관세를 부과하는 스무트-홀리 관세법Smoot-Hawley Tariff Act을 통과해 대응했다. 문제는 안 그래도 먹고사느라 힘겨워하던 소비자들에게 물가 부담이 더해졌다는 것이다. 그들은 수입 물가가 오르자 다른 지출을 줄여야 했다. 또한 보호무역주의 추세는 전 세계적으로 파급되어, 다른 나라들도 자국 산업을 보호하게 하는 결과를 낳았다. 그 결과 이제 미국 수출 기업들도 전에 없던 무역 장벽이 새로 생기면서 수출 수요가 부진해졌다. 스무트-홀리 관세법은 일부 국내 산업을 보호할 목적이었지만, 아이러니하게 다른 수출 산업을 무너지게 했다. 대부분의 경제학자는 보호무역주의가 대공황을 장기화하고 악화했다고 입을 모은다.

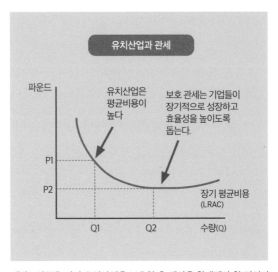

개발도상국은 먼저 유치산업을 보호한 후 생산을 확대해야 할 것이다.

35

같은 통화, 다른 환경

유로

유로는 EU 회원국 중 19개국의 공식 통화이자 세계 최대의 단일 통화다.
유로존에서는 다양한 국가가 같은 통화와 통화정책을 공유하고 있다.

1999년에 도입된 유로는 거래 비용을 줄이고, 환율 불확실성을 제거
하며, 유럽 경제를 더 강력히 통합하자는 취지에서 탄생했다. 그러나
단일 통화는 많은 이점 못지않게, 서로 다른 국가들이 똑같은 환율과
통화정책을 적용하느라 어려움을 겪는 등 예상치 못한 문제도 일으
켰다.

단일 통화의 장점

유로화의 가장 큰 장점은 외환 거래 시 불필요한 거래 비용이 발생하
지 않는다는 것이다. 유럽 경제는 노동과 자본이 국경 넘어 자유롭게
이동할 수 있을 만큼 서로 밀접하게 통합되어 있다. 단일 통화를 사용
하면 이동이 훨씬 수월해지며, 환전의 번거로움과 비용을 방지할 수
있다. 기업들에게 돌아가는 또 다른 중요한 이점은 환율 변동의 불확

세계 최대의 단일 통화 유로.

실성을 제거한다는 점이다. 예컨대 벨기에 기업이 스페인에서 원자재를 수입해 독일로 수출한다면, 그 기업의 이윤은 환율 변동에 영향을 받을 것이다. 그러나 유로를 사용하면 환율이 수입과 수출 가격에 영향을 주지 않는다는 사실을 알기에 미리 계획을 세울 수 있다. 거래 비용이 적고 환율 불확실성이 없다는 점은 분명 기업들의 구미를 당기는 요인이다. 특히 다국적 기업이 보기에 유로존은 인구 3억 4000만 명이라는 단일 시장에 직접 접근할 수 있으니 더 매력적이다. 또 다른 잠재적 이점은 소비자들이 유로로 표시된 가격을 보고 더 쉽게 값을 비교할 수 있다는 것이다. 가령 기업들이 한 국가에서 지나치게 비싼 가격을 책정하면, 소비자는 같은 물건을 유로존 내 다른 국가에서 구매하면 그만이다.

단일 통화의 단점

이처럼 단일 통화가 이점도 많고 의심할 여지 없이 편리한데도 일부 국가가 유로화 사용을 꺼리는 이유는 무엇일까? 단일 통화를 쓰려면 중앙은행도 하나만 두고 통화정책도 다 같이 공유해야 한다. 그래서 유럽중앙은행ECB이 유로존 전체 지역에 대해 똑같은 금리를 정하고 적용한다. 유로존 국가들이 긴밀하게 통합되고 성장률도 서로 비슷하다면 이 공동 통화정책은 아무 문제가 되지 않을 것이다. 그러나 국가 간 격차가 존재하면 큰 문제가 될 수 있다. 2000~2007년 호황기에 그리스, 포르투갈, 스페인의 경제는 비교적 경쟁력이 뒤처졌다. 이들 남유럽 국가는 북유럽 국가보다 생산성을 향상하는 속도가 더 뎠고, 이에 따라 수출 가격이 더 비쌌다. 그 결과 상대적으로 수출이 감소하고 수입이 증가해 경상수지 적자가 확대되었다.

유로존 밖에서는 개별 국가의 통화 가치가 하락하면 경쟁력이 회복될 수 있을 것이다. 그러나 유로존에서는 이것이 불가능해, 특히 남유럽 국가들은 매우 큰 폭의 경상수지 적자를 기록했다. 게다가 경쟁력 없는 국가들은 경제 성장률이 저조했고 재정 적자 폭만 키웠다. 이런 상황에서 그들에겐 필요할 때 유동성을 확대하고 국채를 매수해 줄 자체 중앙은행도 없었다. 따라서 그리스, 포르투갈, 스페인은 경상수지가 적자를 기록하고 채권 수익률이 상승하는 위기 속에서도 유럽중앙은행의 도움을 기대할 수 없었다. 결국 이 남유럽 국가들은 적자를 줄이고 채권 수익률 상승을 막고자 정부 지출을 삭감하는 긴축에 돌입해야 했다. 따라서 그들은 두 가지 문제에 직면했다. 첫째, 통화 가치가 고평가되어 수출이 부진했고 둘째, 긴축으로 경제 성장세가 주춤해졌다. 그 결과 그들은 깊은 침체기에 빠졌다.

일반적으로 국가가 침체기에 들어서 인플레이션이 잠잠해지고 화폐 가치가 지나치게 상승하면, 중앙은행은 금리를 인하하거나 통화량을 늘리는 완화적 통화정책을 추구한다. 그러나 유로존에서는 유럽중앙은행이 국가마다 다른 통화정책을 적용할 수 없다. 따라서 유로화의 결정적 단점은 유로존 국가들의 평균 성장세를 쫓아가지 못하는 국가엔 유럽중앙은행의 통화정책이 맞지 않는다는 것이다.

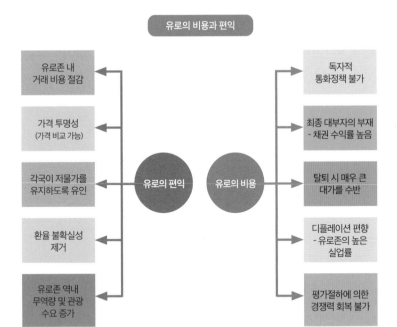

유로의 비용과 편익

유로존 내
거래 비용 절감

가격 투명성
(가격 비교 가능)

각국이 저물가를
유지하도록 유인

환율 불확실성
제거

유로존 역내
무역량 및 관광
수요 증가

유로의 편익

유로의 비용

독자적
통화정책 불가

최종 대부자의 부재
- 채권 수익률 높음

탈퇴 시 매우 큰
대가를 수반

디플레이션 편향
- 유로존의 높은
실업률

평가절하에 의한
경쟁력 회복 불가

유럽중앙은행ECB의 실수가 주는 교훈

2012년 유럽중앙은행은 채권 수익률 상승, 경기 침체, 몇몇 국가들의 경쟁력 저하 등 심각한 위기에 직면했다. 당시 유럽중앙은행 총재였던 마리오 드라기Mario Draghi는 경제 안정성을 회복하려고 자신의 권한 내에서 "무슨 일이든 하겠다"라고 공언했다. 이 발언으로 시장의 불안이 진정되었고, 채권 수익률도 하락하기 시작했다. 그러나 이는 선거에 연연할 필요 없는 중앙은행으로서 유럽중앙은행이 얼마나 개입 의지가 있느냐에 따라 여러 국가에 상당한 영향력을 행사할 수 있음을 의미한다. 일부 경제학자들은 단일 통화가 제대로 운용되려면, EU가 재정정책과 유로 채권에 대한 공통의 규칙을 제정할 방

알아두면 쓸모 있는 경제학 상식 사전

법을 모색해야 한다고 주장한다. 그러나 이는 정치적 이유로 어려운 일이며, 정부 차입을 제한하는 재정 규칙은 과거에도 자주 어겨지곤 했다. EU 회원국이 저마다 경기 순환의 다양한 단계에 있는 만큼, 유로존은 여전히 각국의 불균형에 대처할 정책이 매우 제한적이라는 잠재적 문제에 직면해 있다.

최적 통화 지역

유로와 관련해 매우 중요한 질문은 유로존이 최적 통화 지역optimal currency zone에 얼마나 가까운지다. 최적 통화 지역은 단일 통화를 사용할 때 편익이 비용보다 더 큰 지역을 가리킨다. 50개 주에서 달러가 통용되는 미국은 단일 통화에 적합한 최적 통화 지역이다. 예컨대 캘리포니아주가 침체에 빠져 뒤떨어진 반면, 동부 해안 주들은 호황을 누리고 있다고 상상해 보자. 연방준비제도가 따로 캘리포니아주에만 다른 통화정책을 펼칠 순 없어도, 캘리포니아주 노동자들이 더 나은 일자리를 찾아 동부 해안으로 이주하기는 비교적 쉽다. 따라서 언어와 국적이 같으면 노동과 자본이 유연하게 이동할 수 있어서 지역적 차이가 중요하지 않다.

그러나 유로존이 최적 통화 지역인지 묻는다면 선뜻 답하기 쉽지 않다. 그리스 경제가 실업률 20%를 찍으며 심각한 침체에 빠졌을 때 그리스인들이 호황 업종에서 일자리를 구하려고 독일로 이주하기는 현실적으로 어려웠다. 언어와 문화의 장벽, 거주지 확보의 애로점 등 때문이다. 따라서 이론적으로는 노동의 자유로운 이동이 가능함에도 수많은 실업자가 존재하는 것이 현실이다.

36

어떻게 도울지가 관건
대외 원조

전 세계에 불평등이 만연한 가운데 해외 원조는 이러한 세계적 불균형을 바로잡고, 빈곤을 줄이고, 인도주의적 위기를 해결하고, 자본을 제공함으로써 실질적인 경제 발전을 가능하게 하리라는 기대를 받아 왔다.

그러나 해외 원조의 장점에는 자주 물음표가 붙곤 했다. 비판자들은 원조가 가장 유용한 프로젝트를 대상으로 하는 경우는 거의 없고, 정치적 압력과 공여국의 이해관계에 휘둘리기 쉽다고 주장한다. 또 원조가 개발도상국의 의존을 조장한다는 우려도 있어, 차라리 그들의 무역과 내생적 성장을 촉진하는 전략이 더 낫다는 주장도 있다.

원조의 이점

먼저 개발도상국들은 자연재해나 전쟁 같은 인도주의적 위기에 처했을 때 이에 대처할 자원이 부족하다. 이때 원조는 개발도상국이 위기를 극복하고 불필요한 인명 피해를 막는 데 중요한 역할을 한다. 개발도상국은 자본 투자가 저조한 탓에 장기적으로 저성장 국면을 벗어나지 못하는 악순환에 갇힐 수 있다. 바꿔 말하면 이들 국가에서는 필요한 투자가 제대로 이루어지지 않는다. 이처럼 투자금 조달과 차입이 어려운 국가들에 대외 원조는 기반시설을 위한 자본을 직접 제공할 수 있다. 또한 원조는 개발도상국이 시장 실패에 대처하도록 도움을 주기도 한다. 예컨대 사회기반시설과 교육은 자유 시장에서 공급하지 못하는 공공재다. 문제는 많은 개발도상국이 이러한 공공 서비스에 자금을 조달할 만큼 충분한 세수를 확보하기 힘들다는 것이다.

대외 원조는 수혜국에 도로·학교·병원을 건설하는 등 경제의 기반 시설을 개선해 중요한 공공재를 제공하고, 나아가 장기적으로 생산성 향상과 경제 성장을 가능하게 한다. 경제 성장 이론 중 예컨대 '해로 드-도마Harrod-Domar 모형' 등에서는 자본 투자액이 장기 성장을 가늠 하는 중요한 요소라고 전제한다. 원조를 통해 유입된 자본은 수혜국 의 국제수지를 개선하고, 국부를 늘리며, 경제 성장에 시동을 거는 역

베트남은 무역을 토대로 발전했다.

할을 한다. 또 원조는 부채 탕감의 형태를 띠기도 하는데, 이는 개발도상국 경제에 족쇄가 될 수도 있다. 지원금이 부채 상환 용도로 쓰이면 더 유용한 다른 사업에 사용할 정부 자금이 줄어들기 때문이다.

원조보다 무역

비판자들은 대부분 원조가 공여국으로부터 재화와 서비스를 수입하는 대가의 조건부 형태를 취한다고 주장한다. 원조와 관련된 한 가지 문제는 원조의 최대 수혜자가 항상 최빈국이 되기보다는, 공여국으로부터 상당량의 수출품을 구매해 주는 중진국이라는 것이다. 예컨대 2018년 영국은 경제 규모가 자신들보다 5배나 큰 중국에 7100만 파운드를 지원했다. 원조의 또 다른 문제는 부패 가능성, 그리고 인도적 목적을 벗어나 다른 용도로 빼돌릴 가능성이다. 세계은행에서 〈지도층의 대외 원조 장악〉이라는 제목으로 발표한 연구 논문에 따르면 22개국에 대한 지원액의 6분의 1이 스위스 같은 조세 피난처로 흘러갔다고 한다.

대외 원조에서 또 우려되는 점은 의료 지출에 쓰라고 지원한 돈을 개발도상국 정부가 군사비 같은 용도로 쓸 수도 있다는 것이다. 그리하여 원조가 한번 제공되면 필요상 멈출 수 없는 지경에 이르기도 한다. 원조가 끊기다가는 수혜국에서 최소한의 기본 의료 서비스조차 충족되지 못할 수도 있기 때문이다. 의료 서비스는 외국의 원조에 의존하기보다 개발도상국이 직접 수행해야 더욱 기반이 탄탄해진다. 일부 경제학자들은 원조가 의존 문제를 낳을 가능성을 고려할 때, 개발도상국 간의 무역과 자급자족을 장려하는 것이 최선의 정책이라 주장한다. 자유무역 지지자들은 빈곤 문제를 경제 성장과 비교우위 산업의 수출로 풀어야 한다고 주장한다. 예컨대 지난 수십 년간 중국과 동남아시아에서 빈곤이 눈에 띄게 감소한 데는 원조가 아닌 무역과 경제 성장의 공이 컸다. 무역에 의한 성장의 장점은 공여국의 의사에 매이지 않고 개발도상국 정부가 성장으로 늘어난 소득을 어떤 용도로 쓸지 결정할 수 있다는 것이다.

무역과 원조				
무역			**원조**	
자유무역	경제적 후생과 생활 수준을 높이는 강력한 원동력이다.	유치산업 보호론	관세는 자유무역 체제에서 공정한 경쟁이 어려운 약소국이 경제를 다각화하도록 돕는다.
원조의 문제	공여국의 흑심이 담긴 원조는 민주주의를 왜곡할 수 있다.	자본 증대	부족한 자본을 메워, 성장과 저축 부진의 악순환을 깰 수 있다.
자립심 함양 저해	원조는 수혜국이 의료 등 포괄적 공공 서비스를 스스로 발전시키려는 유인을 떨어뜨린다.	시장 실패 해결	시장 실패(예 : 교통, 교육 등)를 해결하고 자유 시장의 한계를 보완한다.
동남아시아의 사례	중국 등 아시아 국가의 절대 빈곤율이 감소한 것은 원조가 아닌 무역 덕분이다.	재난 구호	전쟁, 기근, 자연재해 등 위기를 극복하게 해준다.

원조의 필요성

그러나 위와 같은 비판은 과한 면도 없지 않다. 중국, 베트남과 달리 무역과 세계화의 혜택을 받지 못한 국가도 있다. 특히 사하라 이남 아프리카에는 수출을 육성하기 위한 제조업 기반시설이 없다. 동남 아시아는 기록적인 성장률을 기록했지만, 사하라 이남 아프리카는 그들만큼 발전하지 못했다. 이렇게 경제 성장이 더딘 국가에서 해외 원조는 낙후된 부분을 일부 메워준다. 개발도상국 중에는 부패 문제

소액 금융은 대출에 어려움을 겪는 개인들에게 돈을 빌려준다.

에 시달리는 국가가 많지만, 그간 이들에 대한 원조가 무조건 밑 빠진 독에 물 붓기였다는 증거는 없다. 본래의 의미에 충실한 원조는 공공 인프라를 공급하는 것이고, 이는 장기적으로 수혜국에 이익을 준다. 게다가 자유무역에 의존할 때 또 다른 문제는 자유무역의 혜택이 최빈국들에 흘러간다는 보장이 없다는 점이다. 자유무역의 논리대로라면 원자재에 비교우위가 있는 개발도상국은 원자재 생산에만 묶여야 한다는 결론이 나온다. 하지만 개발도상국이 언제까지나 원자재와 화석 연료만 생산한다면 경제가 성장하고 고부가가치 산업으로 전환할 여지는 매우 제한적일 것이다. 대신 대외 원조로 제공된 자본을 변동성이 큰 원자재 수출 의존도를 낮추고 경제를 다각화하는 데 활용한다면 자유무역이 초래할 불평등한 효과를 상쇄할 수 있을 것이다.

대외 원조에서 관건은 어떤 형태로 어떻게 제공되어야 하느냐다. 가장 바람직한 형태는 수혜국이 스스로 결정하고 투자할 수 있게 돕는 것이다. 예를 들어 소액 금융micro financing은 사회의 최빈곤층(대개 여성)에게 무이자로 제공하는 대출이다. 이 대출은 액수가 얼마 안 되고 언젠가 상환되어야 하지만, 이 대출을 바탕으로 확실히 자립할 가능성이 있다고 판단되는 사람들에게만 지원해 준다. 어떤 면에서 이 원조 방법은 기존 은행들이 가장 어려운 사람들에게 대출해 주지 못하는 시장 실패를 해결해 준다. 그리고 공여국이 하향식으로 용도를 지정하는 대신, 수혜국 국민이 생산 역량을 펼칠 수 있고 현지 지식에 의존한다는 장점이 있다. 이러한 형태의 지원은 수혜국의 국내 기업을 살린다는 점에서 더욱 지속 가능하다.

37

부는 부를 부른다

불평등

불평등에는 소득 불평등, 부의 불평등, 국가 간 불평등 외에 다양한 유형이 있다.

불평등은 자본주의에서 필요악이고 심지어 바람직한 요소라는 말까지도 하는데, 중요한 문제는 불평등을 수용할 만한 수준이 어디까지냐다. 여기에 쉬운 답은 없다. 하지만 지난 수십 년간 불평등의 정도가 높아지면서 이처럼 까다로운 문제들이 속속 제기되기 시작했다.

불평등의 기능

먼저 일부 공산주의 국가들은 결과의 평등을 이끌어내려 노력했지만 그 대가는 혹독했다. 가장 큰 이유는 노동자와 기업으로 하여금 위험을 감수하고 혁신하며 열심히 일할 유인을 억눌렀기 때문이다. 또한 평등을 보장하는 과정에서 국가가 상당 부분 개입해야 했고, 그 결과 부패가 만연해 다른 유형의 불평등을 초래했다. 시장 경제에서는 기업가가 더 높은 이윤과 소득을 벌겠다는 기대를 품고 사업을 시

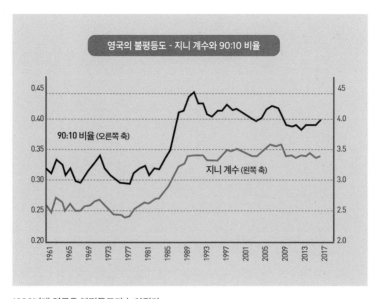

영국의 불평등도 - 지니 계수와 90:10 비율

90:10 비율 (오른쪽 축)

지니 계수 (왼쪽 축)

1980년대 영국은 불평등도가 높아졌다.
(90:10 비율 : 소득 분포상 10번째 백분위수와 90번째 백분위수에 해당하는 인구 간의 소득 비율-옮긴이)

작한다. 이는 잠재적으로 일자리와 소득을 창출하고 나아가 사회 전체를 이롭게 하는 동기 부여에 중요한 요소다. 이러한 유인이 작동하지 않으면 경제는 혁신과 모험이 결여되어 정체되기 쉽다.

한계세율이 매우 높은 국가에서는 노동자가 초과 근무를 줄이고, 세금을 어떻게든 피할 방법을 찾으며, 심지어 다른 국가로 이주할 우려가 있다. 예를 들어 2012년 프랑스 정부는 100만 유로를 초과하는 소득에 75%의 최고 한계세율을 부과한다고 발표했다. 불평등을 해소할 목적이었지만, 세수입은 실망스러웠다. 특출한 많은 인재와 기업이 벨기에 등 저세율 국가로 주소지를 옮겼기 때문이다. 요즘처럼 세계화된 세상에서는 높은 세율을 피하기 쉽다.

반대편에서 자유 시장주의 경제학자들은 실업자들에게 후한 실

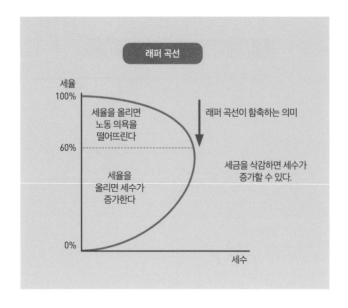

래퍼 곡선

세율
100%

세율을 올리면
노동 의욕을
떨어뜨린다

래퍼 곡선이 함축하는 의미

60%

세율을
올리면 세수가
증가한다

세금을 삭감하면 세수가
증가할 수 있다.

0%

세수

업수당을 주면 그들이 일자리를 구하거나 장시간 근무하려는 의지
가 꺾인다고 우려한다. 빈곤층을 지원하면 불평등은 줄어들지 몰라
도 그들의 일할 유인을 떨어뜨리는 의도하지 않은 결과를 초래할 위
험이 있다는 것이다.

또 논란의 여지가 있긴 하나 불평등과 관련한 개념 중에 '낙수 효
과trickle-down effect'라는 것이 있다. 이는 부자가 더욱 부유해지면 다
른 사람들에게도 혜택을 주므로 사회 전체에 이롭다는 주장이다. 모
두가 전보다 더 잘살게 된다면, 부유층과 저소득층 간의 상대적 격차
가 커져도 문제가 되지 않는다는 입장이다. 예컨대 한 부자가 감세
혜택으로 재산이 100만 달러 증가했다고 생각해 보자. 그들은 이제
더 많은 상품을 소비하고 더 많은 가정부를 고용할 것이다. 그러면
경제 전체에 임금이 인상되어 다른 사람들에게도 이득이 될 것이다.

그러나 낙수 효과는 반론도 만만찮다. 일단 부자가 추가로 100만 달러를 벌어도 그중 다른 노동자들에게 흘러가는 돈은 많지 않다. 부자들은 소득 증가액 대비 저축액의 비중이 큰 편이어서, 100만 달러를 몽땅 저축하든지 아니면 그 돈으로 부동산을 구매할 것이다. 그러면 평균임금이 오르기는커녕 부동산 등 자산 가격만 부풀어, 저소득층의 내 집 마련은 더욱 어려워진다. 또한 기업가가 극도의 부를 쌓을 수 있는 건 남다른 근면성과 창업할 정도의 특출한 역량 때문이라는 가설도 있다.

하지만 대부분 부의 불평등은 상속이나 독점력에서 비롯되는 경우가 많다. 이런 불평등은 열심히 일한 사람보다, 사회에서 운 좋은 위치에 있는 사람이 보상받기 유리한 구조에서 온 결과다. 예를 들어 독점력이 강한 기업은 소비자 가격을 높게 책정하고 직원에겐 낮은 임금을 지급해 이윤을 극대화할 수 있다. 이론상으로는 이윤이 높을수록 세금을 많이 내서 사회에 환원하는 게 맞다. 하지만 이 이윤은 임원 급여나 상여금 인상에 쓰이거나, 법인세가 부과되지 않는 조세

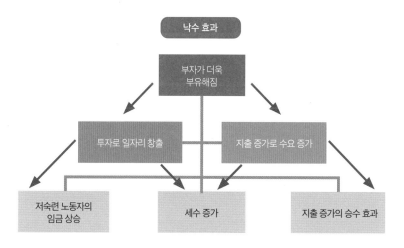

피난처에 예치되기 일쑤다.

불평등의 폐해는 그 외에 또 있다. 무엇보다 부는 '한계효용체감의 법칙'이 적용된다. 백만장자는 소득이 늘어도 만족이나 행복이 증가하는 정도가 매우 제한적이다. 하지만 빈곤층은 소득이 늘면 생활 수준 자체가 완전히 탈바꿈할 수도 있다. 국가 간 1인당 GDP를 비교할 때는 소득 분포를 중요하게 고려해야 한다. 예를 들어 중동 국가 카타르와 사우디아라비아는 1인당 GDP가 매우 높아 세계에서 손꼽히는 부국이다. 그러나 이 1인당 평균 GDP의 이면에는 매우 심각한 불평등이 숨어 있을 것이다. 이처럼 GDP는 대부분이 소수의 손에 집중되어 있는 만큼, 더 유용한 측정 지표로는 '중위소득median income'이 있다. 중위 소득은 소득 분포 스펙트럼의 중간에 있는 인구의 소득을 집계하므로, 최상위층 1%에 유독 쏠려 있는 소득 값에 의해 왜곡되지 않는다.

높은 1인당 GDP의 이면에는 사회의 심각한 불평등이 숨어 있을 것이다.

또 기억해야 할 점으로, 자기 소득이 어느 정도 증가한다고 해도 남과 비교해 상대적으로 가난해져서 불만인 사람들도 많다. 특히 행동경제학에서는 상대적 가치의 개념이 매우 중요하다(39장 232~237쪽 참조). 남들은 시간이 흐르면서 훨씬 잘사는 것 같은데 자신만 뒤처진 기분이 드는 사람들은 적대감이 쌓이게 된다. 따라서 광범위한 불평등은 사회 불안의 원인이 된다.

불평등의 유형도 중요하게 고려해야 한다. 최근 수십 년간 부의 불평등이 확대된 이유는 부의 상당 부분이 미래 세대에게 상속되기 때문이다. 재산에 매기는 세금은 소득에 매기는 세금보다 매우 낮은데, 부분적 이유는 탈세를 유발하지 않고 재산에 과세하기가 더 어렵기 때문이다. 그러나 부는 그 자체로 쉽게 증식할 수 있다. 예컨대 부동산, 주식, 채권과 같은 자산을 구매하면 안정적 소득원을 확보하고, 이를 토대로 다른 여러 자산에 재투자할 수 있다. 반면에 저소득

피케티.

층은 투자로 부를 늘릴 여유가 거의 없다. 또한 부유층은 부동산 가격 상승으로도 이득을 본다. 경제학자 토마 피케티Thomas Piketty는 'r(자본 수익률) > g(경제 성장률)'라는 공식을 이용해 부가 경제보다 빨리 성장한다고 주장한다. 부자들은 배당과 임대소득을 재투자해 더 많은 부를 축적할 수 있기 때문이다.

38

경제에 자연스럽게 스며드는
최저임금제

최저임금은 법적 임금 하한선을 말한다. 대부분의 주요국에서는 약간의
형태 차이는 있어도 최저임금제를 시행 중이다.

미국의 연방 최저임금은 시간당 7.25달러이지만 일부 주에서는 최대
15달러까지 지급한다. 유럽의 최저임금은 불가리아의 월 36유로부
터 룩셈부르크의 월 2313유로까지 다양하다. 최저임금제는 저임금
노동자의 소득을 늘리고, 사회 빈곤을 해소하며, 기업의 노동 생산성
을 높이려고 고안되었다. 그러나 비판자들은 최저임금이 사업 운영
비를 늘리고, 고용을 감소시키며, 일부 산업의 경쟁력을 떨어뜨린다
고 주장한다.

최저임금제의 논거

최저임금제를 지지하는 주된 근거는 저임금 노동자의 소득을 높이
고 근로빈곤 완화에 도움이 된다는 것이다. 최저임금제가 없다면,
(시장을 지배해 마음대로 임금을 정할 수 있는) 수요독점 기업은 직원에

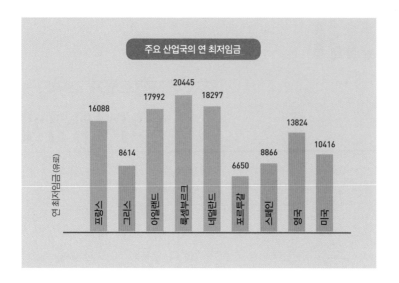

주요 산업국의 연 최저임금

연 최저임금 (유로)

프랑스 16088
그리스 8614
아일랜드 17992
룩셈부르크 20445
네덜란드 18297
포르투갈 6650
스페인 8866
영국 13824
미국 10416

게 균형 이하의 임금을 지급하고 노동자의 소득을 희생시켜 초과 이윤을 얻을 것이기 때문이다. 많은 노동자는 교섭력에 한계가 있고, 고용주에게서 저임금을 제안받아도 고임금 일자리로 쉽게 이직하기 어렵다. 이런 현실에서 최저임금제는 공정한 경제 조성에 도움이 될 것이다. 오늘날 노조 세력이 사그라지면서 노동자의 임금 교섭력이 거의 없어진 만큼 최저임금제의 역할은 더욱 중요해졌다.

또 하나의 중요한 근거는 최저임금제가 고임금 경제를 촉진해 기업이 노동 생산성을 높일 신기술과 업무 관행에 투자하도록 장려한다는 것이다. 노동 비용이 상승하면 기업은 각 노동자에게서 더 많은 생산량을 끌어내고자 하므로 생산성을 향상할 기술 개발에 투자할 것이다. 이는 기업이 단순한 임금 낮추기 경쟁을 지양하는 대신, 직원 한 명당 더 높은 부가가치를 창출하게 할 것이므로 장기적으로 경제에 도움이 될 것이다.

알아두면 쓸모 있는 경제학 상식 사전

그 밖에 최저임금제의 이점은 노동자가 임금 인상분을 임차료나 재화 및 서비스 지출에 쓸 것이므로 경제에 수요가 증가한다는 것이다.

최저임금제의 또 다른 특징은 업계 전체의 임금이 인상되므로, 기업이 임금 인상분을 제품 가격 인상분으로 더 쉽게 흡수할 수 있다는 점이다. 예를 들어 최저임금이 인상되면 패스트푸드 업종이 가장 큰 영향을 받을 가능성이 높다. 그러나 모든 대기업이 똑같이 영향을 받기 때문에 제품 가격을 인상하는 것으로 인건비 상승분을 벌충하기에 충분할 것이다.

그리고 마지막 이점은 근로복지 비용을 줄일 수 있다는 것이다. 예컨대 영국에서는 저임금 노동자에게 기본 생활비를 충족할 수 있도록 유니버설 크레딧Universal Credit이라는 복지 혜택을 제공한다. 그러나 최저임금이 오르면 이러한 복지 재원으로 나가는 돈이 줄어들 것이다.

최저임금제의 문제

최저임금제의 중요한 문제는 기업이 특히 최저임금 업종에 종사하는 취약계층 노동자를 중심으로 직원 채용을 꺼릴 것이라는 점이다. 최저임금이 급격히 오르면 기업이 임금을 올려주기는커녕 직원을 해고해 실업률이 높아진다는 주장이다. 이 같은 관점의 대표 주자인 밀턴 프리드먼Milton Friedman은 1966년에 이렇게

프리드먼.

주장했다. "인심 좋은 많은 사람이 법정 최저임금제가 가난한 사람들을 돕는다고 오해하며 이를 지지한다. 그들은 임금률과 임금 소득의 차이를 모른다." 프리드먼은 최저임금이 특히 비숙련 노동자에게 고용을 통한 직장 내 훈련 기회를 앗아감으로써 피해를 준다고 주장했다. 최저임금제의 또 다른 위험은 기업이 경제의 사각지대에서 노동자를 고용하고 그들에게 법적 최저임금을 지급하지 않을 방법을 찾도록 부추길 수 있다는 것이다.

일종의 상품으로서 노동력

최저임금제 논쟁에서 비판자들이 항상 거론하는 한 가지 사실은 경제학의 기본이라 할 수 있는 단순한 수요 공급의 법칙을 임금에도 적용해야 한다는 것이다. 자동차 가격이 오르면 수요가 감소하듯, 인건비도 오를수록 노동 수요가 감소한다는 논리다. 그러나 노동 시장은 상품 시장보다 복잡할 때가 많다. 예컨대 임금이 오르면 노동자가 더 열심히 일할 의욕이 샘솟아서 생산성이 향상한다는 주장도 있다. 노동자는 아무래도 고임금 직업을 더 좋아하므로 임금이 오르면 그 직업을 유지하고 싶은 마음이 더 강해진다. 이처럼 높은 임금은 직원 이직률을 낮추고, 이는 기업에도 비용 절감의 효과가 있다. 또한 실업수당과 노동임금 간의 격차가 벌어지게 되므로 실업자들이 노동 시장에 진입하도록 동기를 부여할 수 있다. 영국이나 미국 등 선진국에서는 과일 수확, 청소 등 '비인기' 직종에 일손이 달릴 때가 많다. 이들 직종에 임금을 인상하면 사람들이 해당 노동 시장에 진입하고, 평소 같았으면 택하지 않을 직업에 관심을 기울이도록 유도할 수 있다.

최저임금제가 고용에 얼마나 영향을 미치는지는 흔히 경제학자

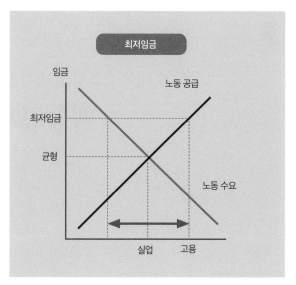

이론상 최저임금은 실업을 유발할 수 있다.

들 사이에서 의견이 갈린다. 실증 연구에 따르면 최저임금제는 실업을 유발하고 고용에는 통계상 미미한 정도로만 도움이 된다고 한다. 그러나 영국에서는 1997년 이후 최저임금이 물가 상승률 이상으로 크게 인상되었고, 2022년 말이 되자 실업률은 3.8%로 완전 고용에 가까워졌다. 따라서 인상된 최저임금은 시간이 지남에 따라 고용이나 실업에 커다란 악영향을 끼치지 않고, 경제에 자연스럽게 녹아든다는 걸 알 수 있다.

39

우리가 계속 스크롤을 내리는 이유
행동경제학

전통 경제학 모델은 보통의 개인이 합리적이고 경제적 후생을 극대화하려 노력한다고 가정한다.

기업이 이윤 극대화를 추구한다면, 소비자는 소득을 극대화하고 재화와 서비스를 최적으로 조합해 소비하려 한다. 이를 '효용 이론'이라 부른다. 공리주의 철학자 존 스튜어트 밀John Stuart Mill과 제레미 벤담Jeremy Bentham은 경제학에도 관심이 있었으므로 그들의 모형이 경제학까지 적용된 것은 놀라운 일이 아니다. 게다가 이 이론을 뒷받침하는 그럴듯한 논리도 있다. 아주 넓게 보면, 인간은 효용에 따라 소비한다는 것

벤담.

17세기 네덜란드에서는 튤립 구근 가격이 폭등했다. 1640년 화가 얀 브뤼헐Jan Brueghel 2세는 '튤립 광풍'으로 알려진 이 현상을 풍자하는 그림을 그렸다.

이다. 이 점을 출발점으로 삼으면 경제 모형과 이론을 전개하기가 확실히 편리하다. 그러나 150년 이상이 흘러 오늘날 경제학계는 개인이 항상 합리적이지만은 않고 다양한 편견, 편향, 비합리적 사고의 영향을 받아 예상 밖의 행동을 할 수 있다는 사실을 깨달았다. 그리고 이 새로운 통찰력의 원조는 경제학자가 아니라 경제학에 자신의 지식을 응용한 심리학자였다. 그러나 이제는 이 신종 경제학 분야가 널리 받아들여지고 있으며, 하나의 분과로서 상당한 발전을 이루었다.

합리적 가격 책정
시장 이론 중에 '합리적 가격 책정rational pricing'이라는 개념이 있다. 근거는 주식이나 상품의 시장 가격은 그 진정한 가치를 반영하게 마런이라는 것이다. 그렇지 못하다면 진정한 가치와 실거래 가치 간의 차익을 거두려는 유인이 남아 있기 때문이다. 따라서 이 이론에 따르면 투자자가 차익을 얻을 수 있을 정도로 가격이 비합리적으로 과대평가되거나 과소평가되는 일은 없어야 한다. 그러나 현실 세계에서는 사람들이 비합리적으로 행동하고, 자산 가격이 급등락하는 경우를 심심찮게 볼 수 있다. 예컨대 2000년대 초반 미국 주택 가격은 주택의 장기적 가치를 넘어 지나치게 상승했다. 상승세가 물가 상승률과 경제 성장률보다 가팔랐을 뿐 아니라, 평균 소득 증가율마저 능가했다. 역사적 기준으로 볼 때 당시 주택 가격은 아무리 봐도 과대평가 되었다. 그러나 그때 많은 전문가는 이번에는 다르다고 호언장담하며 역사적 예외라고 봐야 하는 근거들을 제시했다.

그러나 2006~2009년 사이에 주택 가격이 폭락하면서 그동안의 가격은 전부 거품이었다는 것이 드러났다. 실제로 대다수의 개인은 꽤 오랫동안 비합리적으로 행동하기도 한다. 일단 우리는 낙관적 편향에 빠지기 쉽다. 자산 가격이 오르면 주택 소유자, 부동산 중개인, 은행들은 모두 가격이 계속 오를 것이라 믿고 좋아한다. 반면에 가격이 고평가되었다고 경고하는 전문가는 좋은 소리도 못 듣고 자기 고객도 잃을 수 있다. "옳은 소수가 되느니 틀린 다수가 되겠다"라는 말이 있다. 이러한 낙관적 편향과 비이성적 과열은 군중 심리와 관련이 있다. 대다수의 사람이 "기술주가 계속 상승할 것"이라거나 "요즘 튤립 투자가 대박"이라고 말하면, 우리는 그들에게 동조하기 쉽다.

행동경제학은 다양한 분야에서 중요한 통찰력을 제시한다. 예컨대 한때는 노동자에게 동기를 부여하는 가장 좋은 방법이 돈, 즉 보너스를 지급하고 바람직한 행동에 금전적으로 보상하는 것이라고 생각

알아두면 쓸모 있는 경제학 상식 사전

했다. 그러나 노동자의 추가 성과에 지급하는 보너스가 오히려 역효과로 이어질 수 있다는 몇몇 연구 결과가 발표되었다. 이에 따르면 노동자가 정말 중요시하는 것은 금전적 보너스보다는 직장에서 인정받거나 책임감을 느끼는 것이라고 한다.

한편 이스라엘에서 또 하나의 재미있는 사례가 있었다. 이스라엘은 자녀를 학교에 늦게 데리러 오는 부모들에게 벌금을 매기는 새로운 규제를 도입했다. 금전적 벌금을 부과하면 부모가 제시간에 아이를 데려가도록 유인할 것으로 예상되었다. 그러나 실제로는 정반대의 결과가 나타났다. 부모들은 약간의 벌금을 내자 학교에 늦게 온 죄책감을 덜 느꼈다. 즉 벌금이나 세금은 예상치 못한 방식으로 사람들의 행동을 변화시킬 수 있다.

넛지 이론

정부는 행동경제학을 이용해 점점 더 미묘한 방식으로 우리의 행동을 변화시킨다. 우리는 이런 정부의 의도를 인지할 수도, 못할 수도 있다. 넛지 이론은 선택지에 조금만 변화를 주면 사람들이 특정 결정을 내리도록 쉽게 유도할 수 있음을 시사한다. 연금 제도를 예로 들면, '옵트 인Opt in(비동의가 기본값)' 방식의 경우에는 가입률이 매우 낮다. 반면에 탈퇴하려면 시간을 들여서 여러 양식을 작성해야 하는 '옵트아웃Opt out(동의가

엠앤엠즈 그릇에 뚜껑만 덮어도, 소비량이 현저히 감소했다.

기본값)' 방식에서는 가입률이 확연히 올라간다. 이 두 방식은 과정이 반대지만 결과는 같다. 이론상 합리적인 사람이라면 둘 중 어느 방식이 주어지든 똑같이 행동해야 한다. 그러나 사람들의 행동에서 중요한 요소는 기본값을 선호한다는 점이다. 우리는 선택지 중 덜 귀찮은 것을 선택할 때가 많다. 경제 교과서에 나오는 합리적 개인과 달리, 모든 결정을 일일이 저울질할 시간이 없기 때문이다. 이와 비슷하게, 사후에 장기를 기증하고 싶은 사람은 카드를 소지해야 한다. 그러나 다른 접근법을 취하자면, 장기 기증을 거부하는 사람에게 카드를 발급할 수도 있다. 다시 말해 장기 기증을 옵트아웃 방식으로 바꾸면, 장기를 기증하겠다고 '선택'하는 사람들이 틀림없이 증가할 것이다.

구글은 자사 사무실에 엠앤엠즈M&M'S가 담긴 그릇을 뚜껑을 덮지 않고 비치한 적이 있었다. 그러다 나중에 뚜껑을 덮어보았다. 이 사소한 변화 후, 한 달에 소비되는 엠앤엠즈는 300만 개 감소했다. 어찌 보면 당연한 일이다. 간식을 먹기 쉬운 상황이라면 인간의 두뇌는 즉각적인 보상을 택하는 경향이 있지만, 환경이 조금만 귀찮아져도 뇌는 매우 다르게 결정을 내린다. 그러나 이런 식의 본능적 행동을 표준 경제 이론에서는 전혀 포착하지 못한다.

넛지 이론에 대한 논란

위와 같은 사례들은 그나마 양호한 편이다. 사실 넛지 이론은 썩 유쾌하지 않은 용도로 쓰이기 쉽다. 예를 들어 소셜 미디어 기업은 인간 심리의 특정한 비밀을 알고 있어서, 소비자들이 스스로 삶의 질을 떨어뜨리는 행동에 빠져들게끔 유도한다. 페이스북 같은 기업들은 사용자가 자꾸 확인하지 않고 못 배기는 앱을 아주 성공적 만들어

냈다. 빨간 알림 버튼은 우리의 관심을 사로잡으며, 거부하지 못하고 스크롤을 계속 내리게 하는 '낚시성Clickbait' 콘텐츠를 들이민다. 대부분의 사람도 자신의 의지 이상으로 소셜 미디어를 자주 이용한다고 인정한다. 소셜 미디어가 사람들을 진정으로 행복하게 해주지는 않지만, 소셜 미디어 기업들의 비즈니스 모델에는 사람의 주의를 최대한 오래 붙잡아 두는 방법이 숨어 있다.

그렇다고 개인이 순전히 비합리적이기만 한 것은 아니다. 사실 때로는 모든 결정을 일일이 평가하기보다 절차를 생략하고 생활을 단순화하는 게 합리적이기도 하다. 그러나 경제 모형을 구상하고 인간 행동을 예측할 때는, 대부분의 사람이 꽤 오랫동안 비합리적으로 행동할 수 있다는 사실을 중요하게 유념해야 한다. 17세기 튤립 광풍부터 1990년대 기술주 열풍까지, 자산 가격은 폭등과 폭락을 여러 차례 거듭했고 아마 앞으로도 마찬가지일 것 같다. 남들을 따라 하려거든 그저 조심하는 게 상책이다!

소셜 미디어 기업은 알림과 낚시성 콘텐츠 등 긍정적이지 않은 방식으로 우리를 '넛지'한다.

40

위험하지만 모험하고 싶은
도덕적 해이

도덕적 해이는 비용을 다른 사람이 부담한다는 이유로 위험을 감수할 유
인에 끌리는 상황을 말한다.

예를 들어 재산 전액이 보험에 가입된 사람은 자기 재산을 잃지 않으
려고 주의할 필요를 덜 느낄 것이다. 휴대전화가 보험에 가입된 사람
은 전화기를 떨어뜨려도 보험사에서 비용을 지불해줄 테니, 롤러코스
터에서 액션 모드로 동영상을 찍을 수도 있다. 하지만 보험에 가입하
지 않은 사람은 이런 무모한 행동을 하지 않을 것이다.

이는 보험사가 전액 보험을 제공하면 소비자 행동이 달라지기 쉽
고, 그로 인해 통상적인 위험 회피 성향에서 예상되는 비용보다 보험
비용이 훨씬 높아진다는 점에서 문제가 된다. 최악의 경우 보험사는
지급을 일절 거부할 수 있다. 바로 이 이유로 보험사들은 100% 전액
보상 대신, 가령 청구 건당 50파운드라는 식으로 일정 부분 이상을
피보험자가 의무 부담하도록 요구한다. 이러한 본인 부담금(그리고
까다로운 온갖 청구 절차) 제도로 말미암아 소비자는 보험에 가입할 때

알아두면 쓸모 있는 경제학 상식 사전

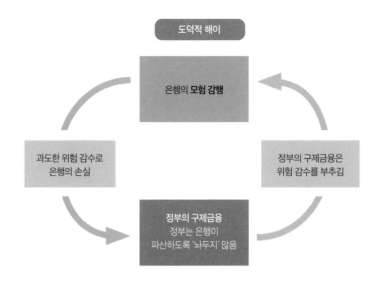

도덕적 해이는 사람들이 위험을 감수할 유인에 끌리는 경우를 말한다.

충분히 주의를 기울이게 된다.

은행의 도덕적 해이

아마 도덕적 해이의 가장 위험한 사례는 은행업계에서 볼 수 있을 것이다. 정부가 은행 고객의 예금을 보호해 주겠다고 공언하는 데는 그럴 만한 몇 가지 이유가 있다. 고객이 어떤 상황에서든 자신의 예금이 안전하다는 걸 알면, 모두가 금융 시스템을 신뢰하게 될 것이다. 그러면 은행이 파산할 기미가 보일 때 너도나도 예금을 인출하려 달려드는 '뱅크런Run on the Bank' 사태를 막을 수 있을 것이다. 이 뱅크런은 1930년대 대공황 때 실제로 미국에서 있었던 일이다. 사람들은 주식시장이 폭락하자 돈을 인출하러 은행에 갔지만, 은행은 인출 수요를 충족할 만큼 돈이 없었다. 이로써 사람들은 은행에 신뢰를 잃었고, 돈을 인출하려는 대기 줄은 갈수록 길어져 갔다. 결국 500곳이 넘는 은행이 파산했고, 고객들은 예금해 둔 돈을 잃었다. 그 경험을 계기로 미국 정부는 '최종 대부자' 역할을 맡은 연방준비제도와 함께 예금을 보호하겠다고 항상 약속해 왔다. 그러나 이렇게 정부의 구제금융이라는 믿는 구석이 있으면 은행은 위험한 투자에 끌리기 쉽다. 은행 직원은 위험을 감수하고 성공하면 거액의 보너스를 받는다. 하지만 실패하면 그때는 타인이 해결할 문제가 된다. 결국 은행은 파산하여 구제금융이 필요하게 될지도 모른다.

이러한 유인의 역효과는 2008년 신용 경색에서 시작한 글로벌 금융 위기의 주된 원흉이었다. 2000년대 초반 많은 은행과 모기지 대출기관은 큰 위험을 감수하려는 유혹을 뿌리칠 수 없었다. 실제

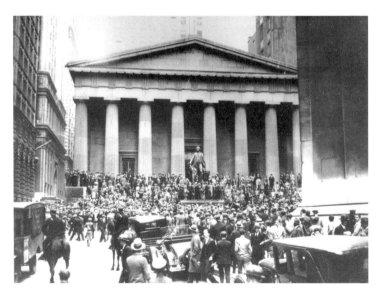

1929년 10월 24일 월스트리트 대폭락.

로 몇 년 동안 그들은 집값이 오르고 신규 모기지 대출 건수가 급증한 틈을 타 엄청난 보너스를 챙겼다. 그러나 은행들은 이러한 '쉬운 대출'로 지나치리만치 위험을 감수하게 되었다. 결국 거품은 터졌고, 금융계의 부실 대출에 대한 실상이 만천하에 드러났다. 은행들은 유동성 충격에 직면했다. 전 세계 정부는 금융계를 보호하려고 구제금융을 실시해야 했다. 따라서 민간 은행이 감수한 위험에 대가를 지불한 사람은 평범한 납세자들이었다.

의료계의 도덕적 해이

도덕적 해이는 의료 분야에도 나타난다. 영국 건강보험공단^{NHS}의 의사들은 그들의 예산 사정을 알고 있다. 그리고 예산이 제한되어 있으므로 그 돈을 용도별로 나눠 써야 한다고 생각한다. 따라서 그들은 비용만 매우 많이 들고 효과 가능성은 극히 낮거나 약간의 고통을 줄여주는 데 그칠 치료법은 포기할 것이다. 그러나 민간 기반의 미국 의료 제도에서는 의사들이 예산을 신경 쓸 필요가 전혀 없다. 치료 비용은 외부 보험 회사에서 지불한다. 따라서 의사는 치료비가 100만 달러가 들고 치료 가능성이 0.5%에 불과하더라도 본인들이 직접 비용을 부담하지 않으므로 치료를 감행할 수 있다. 비용을 지불하는 쪽은 보험 회사다(그리고 아마 그들은 치료 가능성이 희박하다는 것을 모를 것이다). 언뜻 보면 비용만 많이 들고 효과가 없을지라도 치료를 시도해 볼 수는 있다는 점에서 미국 시스템이 낫다고 생각할 사람이 있을 것이다. 그러나 모든 선택에는 기회비용이 따른다. 무익한 치료비에 수십억 달러를 지불하면 모두가 부담해야 할 건강보험료가 늘어난다. 비용이 오르면 일부 사람들은 보험에 가입하지 못하고 치료를 아예 못 받게 될 수 있다. 이 때문에 민간 보험사는 비용 지급에 동의하기 전에 치료의 실익을 따지고자 더 많은 정보를 얻으려 노력한다.

정부의 도덕적 해이

도덕적 해이는 정부에서도 예외가 아니다. 한 정부 관료가 고속철도 사업처럼 당장 유권자들이 좋아할 만한 매우 값비싼 프로젝트에 착수하기로 했다고 가정하자. 그러나 10년 후 그 사업이 돈 먹는 하마로 판명되어도, 그것을 공약한 정치인은 비용을 지불하지 않는다. 그는 이미 자리를 떠나 있을 테고, 비용은 후대의 납세자가 떠안아야 할 것이다.

고속철도 사업은 정부의 도덕적 해이를 보여주는 사례다.

환경 문제와 도덕적 해이

사회 전체적으로 우리 모두 또한 도덕적 해이를 피해 갈 수 없다. 더 비싼 가스비와 전기료를 내면서까지 지구 온난화 문제에 신경 쓰고 싶지 않은 사람이 많지 않은가. 그러나 우리가 가만있는 사이 지구 온난화가 가속화되면, 미래에는 사람이 거주할 수 없는 지역이 세계 곳곳에 늘어날 것이다. 문제는 우리가 현재 내리는 결정의 대가를 미래 세대가 짊어진다는 점이다. 우리는 바로 눈앞에 있지 않은 미래의 결과를 과소평가한다. 도덕적 해이는 사람들의 행동 변화를 유도할 때 커다란 걸림돌이다.

도덕적 해이의 극복

은행의 도덕적 해이를 극복하려면, 정부는 은행 업무를 두 영역으로 나눠 위험한 투자 결정의 영향이 일반 예금에 미치지 않도록 할 수 있다. 즉 은행 업무를 전부 보장하는 게 아니라 고객의 예금만 보장하는 것이다. 또한 정부가 은행을 꼭 구제해야 한다면, 잘못된 결정을 내린 은행 임원들에게도 책임을 지도록 해야 한다. 금전적 손실에 대가를 치러야 한다면 모험에 더 신중해질 것이다. 모험의 성과가 좋으면 보너스를 받지만, 그렇지 못하면 대가를 치르지 않는 게 문제이기 때문이다.

41

대안적 거시경제 이론
현대통화이론

MMT(현대통화이론Modern Monetary Theory)는 통화 관리 권한을 지닌 정부가 차입 한도에 구애받지 않고 통화량을 창출해 정부 지출을 조달해야 한다는 대안적 거시경제 이론이다.

통화량을 늘려 지출을 조달할 때 유일한 제약 조건은 경제가 최대 생산력으로 가동되지 않고 유휴 자원이 있는 상태여야 한다는 점이다.

현대통화이론MMT은 예컨대 미국, 일본, 영국, 캐나다처럼 자국 통화를 발행하고 차입도 주로 내국채로 충당하는 국가에서만 작동할 수 있다. 반면에 외화(달러)를 차입하는 아르헨티나, 멕시코 등 신흥 경제국은 정부 적자를 충당할 돈을 찍어내지 못해 종종 부채 위기를 겪곤 한다. 통화량을 창출하면 인플레이션이 발생하고, 화폐 가치가 하락하며, 정부가 달러 표시 부채를 상환할 때 애를 먹게 된다. 또한 MMT는 금 같은 실물 자산으로 가치가 뒷받침되지 않는 명목화폐 체제, 즉 통화량이 금보유고와 연계되어 고정되지 않은 체제에서만 작동한다. 따라서 MMT는 1930년대에 폐기된 금본위제도나 제2차 세계대전 이후 출범해 1971년에 폐기된 브레턴우즈 체제에서라

현대통화이론은 금본위제에서는 불가능하다.

면 불가능하다.

　MMT는 정부가 적자를 걱정하지 않아도 된다고 전제하며, 일부 재정 보수주의자들의 믿음과 달리 대규모 정부 부채를 파산의 신호로 받아들이지 않는다는 점에서 급진적이다. 무엇보다 정부 예산을 월말에 균형을 맞춰야 하는 가계 예산과 동일시해서는 안 된다고 강조한다. 가계와 달리 정부는 화폐를 창출할 능력이 있기 때문이다. MMT 지지자들은 공공 부문 부채가 GDP의 200%를 넘는 일본 같은 국가를 예로 든다. 일본 경제는 지난 수십 년 동안 인플레이션이 거의 없이 제법 지속 가능한 상태를 유지했다.

　MMT의 논리는 실업자 같은 유휴 자원이 있다면 정부가 화폐를 발행하고 기반시설 사업 등을 벌이는 식으로 고용을 창출해야 한다는 것이다. 또한 MMT의 실용적 측면 중 하나는 정부가 고용을 보장해 준다는 점이다. 적극적 구직 의사가 있으나 구직에 애를 먹는 실업자는 정부가 화폐를 발행해 자금을 조달하는 국책 사업에서 일자리를 얻을 수 있다. 이렇게 정부는 통화 창출로 유휴 자원을 활용할

현대통화이론은 2008년 금융 위기 이후 상당한 관심을 받았지만, 그에 못지않게 비판도 팽팽하다.

사업 자금을 마련할 수 있다. 화폐 발행 시 유일한 제약 조건은 경제 내에 노는 자원이 있어야 한다는 것이다. 그렇지 않다면 화폐를 발행해도 실질 생산량은 눈에 띄게 증가하지 않는 반면, 인플레이션만 유발할 수 있다. 따라서 인플레이션 시기에는 MMT 이론의 가치가 훨씬 인정받기 어렵다. 화폐를 발행해도 통화 가치만 하락할 뿐, 실제 증가하는 생산량은 제한적이기 때문이다.

MMT에서는 정부 차입 자체가 불필요할 것이다. 정부는 민간 부문에 채권을 파는 대신 직접 화폐를 창출해 지출하면 그만이기 때문이다. MMT의 또 한 가지 특징은 이자가 붙는 채권을 발행할 필요가 없어, 중앙은행의 제로 금리 정책을 선호한다는 점이다. 이는 제로 금리가 저축자에서 차용자로 소득과 부를 대거 재분배하는 기능이 있다는 점에서 꽤 급진적 발상이다.

금리가 제로일 땐 세금 정책이나 과도한 독점력 규제, 혹은 이 모두를 활용해 인플레이션을 억제할 수 있다. 예컨대 인플레이션이 심해질 때는 정부가 통화정책을 펼치는 대신 세금을 올려 초과 수요를 줄여야 한다. MMT 모형에서는 통화정책이 재정정책으로 대체된다. 또한 MMT는 인플레이션의 원인이 초과 수요뿐 아니라 독점 기업들의 이윤 증식과 자산 가격의 폭등에도 있다고 보므로, 가격 폭리를 방지할 정부 규제가 필요하다고 주장한다.

2008년 금융 위기 전만 해도 MMT는 비교적 낯선 경제 모형이었다. 그러나 이후 세계 경제는 침체에 빠졌고 금리는 거의 제로로 가까이 인하되었다. 이러한 상황에서 영국과 미국의 중앙은행은 양적완화(29장 '양적완화' 179~181쪽 참조)로 통화량을 창출해 정부 차입을 일부 조달했고, 그러면서도 물가 상승률을 매우 낮게 유지했다. 이 경험은 적절한 환경에서는 MMT 이론이 먹힌다는 점을 시사했다. 즉, 적자를 충당하려고 통화량을 늘리는 것은 괜찮았다. 그러나 사실 제로 금리 시대는 20세기에는 역사적으로 전례가 없었다. 2021~2022년에는 미국의 초과 수요, 그리고 유가 상승 등 비용 인상 요인으로 많은 서방국에서 물가가 10% 넘게 상승했다. 이런 상황에서 정부가 적자를 걱정할 필요가 없다고 주장한다면 이야기가 달라진다. 이럴 때 화폐 발행은 인플레이션 압력에 기름을 붓는 격으로 인플레이션을 쉽게 가속화할 것이다.

MMT 이론은 경기 침체기에 정부가 유휴 자원을 활용해야 한다는 케인스주의와 어느 정도 일맥상통한다. 케인스주의자들은 더욱더 적극적인 정부 차입을 제안하는 경향이 있다(하지만 통화량 창출의 장점도 부정하지 않는 편이다). 대신 MMT는 일반적인 정책으로 정부 차입보다 통화량 창출을 강조한다는 게 가장 큰 차이다. 일부 학자들은 통화량 창출 덕에, 예산 32조 달러가 소요되는 단일 기관Single-

새로 발행한 화폐는 정부 지출로 사용될까, 아니면 인플레이션만 유발할까?

Payer형 보편적 의료 시스템과 같은 대규모 프로젝트도 성사할 수 있다고 주장한다.

그러나 경제학자 중에는 여전히 MMT의 기본 논리를 비판하는 사람이 많다. 그들은 통화량을 창출해 정부 지출을 조달할 수 있다는 발상은 인플레이션 위험이 커서 옳지 않다고 주장한다. 독일 바이마르공화국에서 짐바브웨에 이르기까지, 역사상 화폐 발행으로 엄청난 인플레이션을 초래한 사례가 많다. 영국 같은 국가는 필요한 차입액을 충당하기 위해 자체적으로 화폐를 발행할 수 있으므로 사실상 채무 불이행 가능성이 없는 건 맞다. 그러나 인플레이션에 의한 채무 불이행 가능성은 있다. 화폐를 발행하면 채권과 저축의 현재 가치가 절하되어 많은 경제 구성원의 저축 가치가 감소한다. 엄밀히 이 조치로 디플레이션은 비켜갈지 몰라도, 그 결과는 최소한 선택적 채무 불이행이나 마찬가지다.

게다가 세금을 올려 인플레이션을 완화하겠다는 건 정치적으로 순진한 발상이다. 고인플레이션 시기에 정부는 이념적 이유로 세금 인상에 반대할 테고, 세금을 충분히 인상하려 하지도 않을 것이다. 또 제로 금리 정책은 자산 가격의 상승을 부추겨, 주로 부유층에 집중된 자산들의 가치를 오르게 한다. 마지막으로, 정부 지출을 조달하려고 통화량을 늘리면 (잠재적으로 더 효율적인) 민간 부문에 구축 효과가 나타날 것이라는 우려도 있다.

42

GDP가 높다고 행복할까
행복경제학

전통 경제학에서는 대개 소득이 높을수록 사람들의 행복지수도 올라간다고 가정한다.

전통 경제학에서는 행복을 (벤담과 밀 같은 공리주의 철학자들에서 비롯한) 효용이라고 더 흔히 표현한다. 논리는 이해하기 쉽다. 사람들에게 낮은 소득과 높은 소득 중 하나를 고르라면, 대부분 높은 소득을 벌어 더 많은 재화와 서비스를 구매하고 싶어 할 것이다. 인간은 적어도 단기적으로는 돈이 많을수록 더 행복해한다. 각국 정부들도 이러한 부와 행복 사이의 상관관계를 인식하고, GDP 극대화를 경제 정책의 우선순위 중 하나로 삼았다. 물론 GDP가 높은 국가는 낮은 국가보다 살기 좋을 확률이 높다는 건 당연하다. 그러나 최근 수십 년간 경제학자들은 훨씬 근본적인 질문, 즉 전통적인 경제 성과 지표가 과연 인간의 행복과 후생 증진을 제대로 반영하고 있는지 의문을 품기 시작했다.

1950년 미국의 실질 GDP는 2조 1860억 달러, 2022년에는 19조 7270억 달러였다. 2022년 미국의 평균 소득이 9배 늘어난 것이다. 여

알아두면 쓸모 있는 경제학 상식 사전

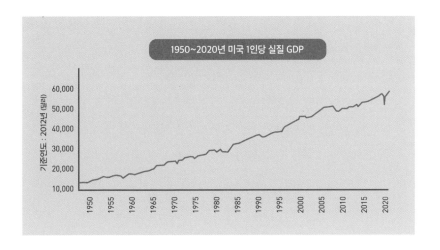

기서 중요한 질문은 실질 GDP가 증가해서 과연 사람들이 더 행복해졌는가다. 우리는 이런 질문에 맞닥뜨리자마자 GDP를 생활 수준과 복지의 지표로 삼기에는 한계가 있다는 생각이 든다.

일단 행복은 수치화하기가 매우 어렵다. 설문조사로 사람들에게 행복하냐고 물어봐도 되겠지만 그 대답은 가치 판단이 깊이 개입되기 쉽다. 아니면 실업률, 주택의 질, 여가, 환경, 기대 수명, 교육 수준 등 행복 증진과 관련된 지표들을 살펴보는 방법도 있다. 우리가 경제 정책의 방향을 행복으로 향하기 시작하면, 이 작업은 GDP 극대화와 소득 증대라는 일차원적 목표보다 훨씬 복잡하고 어려워진다.

GDP가 높은 국가의 국민은 행복할까?

GDP가 높으면 행복에 유리한 몇몇 이점으로 작용한다. 개발도상국에서는 GDP 증가가 절대 빈곤 수준의 감소와 강한 상관관계를 보인다. 150년 전 미국과 영국 양국에서 최빈곤층의 임금은 최저 생활 수준을 간신히 충족할 정도에 그쳤다. 그러나 경제 성장 덕에 그들의 삶은 한층 개선되었다. 1981년에는 하루 2.15달러 미만으로 생활하는 인구가 세계 인구의 40%였다. 하지만 2018년에는 그 비율이 8.7%로 떨어졌다. 이처럼 절대 빈곤율이 감소했다는 사실은 경제 성장의 실질적 이점이다. 또 GDP가 높은 경제일수록 세금도 더 많이 걷히고 결과적으로 정부가 의료, 교육, 환경 보호 등 공공 서비스에 더 활발히 지출할 수 있다. 이러한 공공 서비스는 삶의 기회, 교육 수준, 행복도 등을 향상해 준다.

하지만 GDP가 높아진다고 해서 반드시 그 나라 국민이 행복해진다는 보장은 없다. GDP가 높은 국가일수록 환경 오염이 심각한 데다가, 전 세계가 지구 온난화 문제로 씨름 중이다. 또한 경제 성장은 범죄율 증가와 같은 새로운 문제를 야기한다(경제가 성장할수록 훔칠 거리도 풍성해지니 말이다). 최근 경제 성장과 관련해 중요한 문제는 인구 과밀화와 토지 부족 때문에 특히 대도시를 중심으로 임대료가 상승하고 있다는 점이다. 과거보다 더 많은 부가 창출되었지만, 그 부가 소수의 인구에게 집중된 만큼 대부분 가계는 경제 성장의 혜택에서 소외되고 있다.

이스털린의 역설

경제학자 리처드 이스털린Richard Easterlin의 연구에 따르면, 저소득 국가가 점점 부유해지는 과정에서 대개 행복도 그에 비례해 높아진다. 그러나 일정 소득을 넘어서면 행복도가 제자리걸음이 된다. 즉 우리는 소득이 증가하는 경로의 중간 지점에서 정점의 행복 수준에 도달했다가, 그 이후로는 소득이 늘어나도 더 행복해지거나 하지 않

알아두면 쓸모 있는 경제학 상식 사전

는다. 이스털린의 연구는 거의 미국을 대상으로 했는데, 여기서 GDP 선진국 미국은 그만큼 행복지수가 높지는 않은 것으로 나타났다. GDP가 증가해도 왜 행복도는 올라가다 마는 것일까?

먼저 소득에는 한계 효용체감의 법칙이 적

이스털린.

용된다. 식비조차 빠듯한 사람에게는 조금이라도 늘어난 소득이 큰 행복을 안겨준다. 반면에 1년에 100만 달러를 버는 사람은 웬만한 물건은 마음껏 살 수 있다. 따라서 그는 소득이 20% 늘어나 더 많은 물건을 살 수 있어도 더 행복해질 가능성은 별로 없다. 차 한 대를 더 장만해도 행복도는 거기서 거기다.

부의 문제

또한 부는 그 자체로 문제를 낳기도 한다. 서구의 생활 수준이 높아질수록 풍요에 의한 여러 부작용이 발생했다. 이를테면 기름진 고칼로리 식단과 앉아서 생활하는 습관 때문에 비만, 당뇨병, 심장병 등 각종 질병이 증가했다. 소득이 늘어난 건 좋지만, 건강에 안 좋은 음식에 이끌리는 습관은 장기적으로 삶의 질을 저하한다. 또한 일부 국가에서는 GDP 증가라는 성과의 이면에 기나긴 근무 시간과 혹독한 노동 환

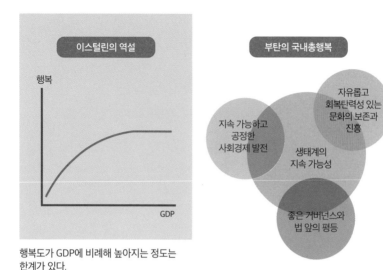

행복도가 GDP에 비례해 높아지는 정도는
한계가 있다.

경이 자리 잡고 있었다. 오늘날 근로자들은 앞 세대보다 소득이 늘었
지만 그만큼 즐길 시간은 없다. 그들과 정반대의 처지에 있는 최상위
금수저들은 일할 필요도 없으니 여가가 남아돌 것이다. 그러나 인생
의 목표 없이 그 많은 시간을 흥청망청 낭비한다면 결국 비가치재(술,
마약)에 빠져 진정한 만족을 모른 채 살아갈 것이다.

1930년 경제학자 케인스는 기술의 발전 덕에 손자 세대들은 주
당 15시간만 일하고 나머지 시간을 유익한 여가 활동에 전념할 것으
로 예측했다. 그는 당시 기술 발전의 추세를 목도하고는 이러한 유토
피아적 이상향을 예견했다. 우리는 케인스의 예측을 현실화할 만큼의
기술 발전과 생산성 향상을 이룩했지만, 안타깝게도 그러한 유토피아
적 이상향은 아직 요원해 보인다.

상대성

GDP가 높아질수록 불거지는 또 다른 문제는 내가 이웃보다 잘사는
지와 같이 자신의 성공을 상대적 기준으로 평가하는 사람들이 많다
는 점이다. GDP가 증가한다고 사회에서 개인의 상대적 지위가 바뀌
는 것은 절대 아니다. 오히려 사회의 불평등을 심화하고, 사람들이 자
신만 좋은 기회를 놓친 듯한 박탈감을 느끼게 하기도 한다.

국내총행복

경제적 후생의 또 다른 척도로 국내총행복GDH, Gross Domestic Happiness
라는 것이 있다. GDH는 사회의 행복에 영향을 미치는 아홉 가지 다
양한 목표로 구성되어 있다. 여기에는 생활 수준(소득)도 포함되지만,
그 밖에 문화 다양성, 생태 다양성, 환경 문화, 여가 선용, 좋은 거버넌
스Good Governance(정부가 시민 사회의 요구에 맞춰 투명하고 효율적으로 국
정을 운영하는 방식-옮긴이), 지속 가능한 발전 등도 있다. GDH는 불
교 사상의 영향을 받은 것으로, 2008년 부탄에서 채택해 유명해졌다.
2019년 뉴질랜드도 GDP를 행복과 웰빙 지수로 대체했다. 이후부터
는 예산 편성 시 정신 건강 개선, 아동 빈곤 감축, 지속 가능한 저탄소
경제로의 전환 등을 기본 목표로 삼기 시작했다. 행복 지표를 경제학
에 포함하는 일이 어렵기는 해도, 최근 경제학이 소득과 이윤 극대화
라는 전통적 목표에서 벗어나고 있는 만큼 앞으로 행복경제학의 중
요성은 더욱 커질 것이다.

43

제3자에게 생기는 일
외부효과

외부효과는 어떤 소비나 생산 행위가 제3자에게 미치는 영향을 가리킨다.

우리가 집 뒷마당에서 유기농 채소를 재배하면 비용과 편익은 거의 전적으로 자신에게 돌아갈 뿐 이웃에게 별 영향이 없다. 그러나 전업 농부가 농약과 비료를 뿌려 채소를 재배하면 그 비용은 사회 전체에 발생한다. 살충제는 해충을 죽이는 게 목적이지만 장기적으로는 지구 생태계를 훼손한다. 이처럼 기존 농업 방식은 장기적으로 상당한 외부 비용을 발생시킨다. 자유 시장에서는 이러한 외부 비용이 가격에 포함되지 않으므로 외부 비용을 유발하는 재화가 과잉 생산되기 쉽다. 외부효과에서 중요한 개념은 사회적 비용과 사회적 편익이다. 사회적 비용은 개인적 비용과 외부 비용의 합이다. 식량 생산을 예로 들면, 농부가 작물을 재배하는 개인적 비용은 종자와 노동력의 비용이다. 그러나 사회적 비용은 이 개인적 비용과 환경에 끼치는 외부 비용을 모두 포함한다.

살충제는 생산량을 늘리는 대신 오염을 유발한다.

긍정적 외부효과

외부효과는 긍정적인 유형도 있다. 한 직장인이 퇴근 후에 새로운 기술을 배우려고 저녁 수업을 듣는다면, 실력도 쌓고 어쩌면 장차 더 높은 임금도 받을 수 있다는 이득을 얻는다. 게다가 개인적 이득만 있는 게 아니다. 노동 인구의 자질 향상은 곧 기업과 넓게는 경제 전체에도 이득이다. 그 직장인은 자신의 업무 능력을 키우겠다는 생각에서 출발했지만, 결국 노동 생산성을 높이고 장기적으로 경제 성장에도 이바지하는 셈이다. 그러므로 양질의 교육을 통해 얻는 사회적 편익은 개인적 편익보다 크다고 할 수 있다. 또한 기업의 생산에서도 긍정적 외부효과가 나타나는 예가 있다. 유수의 에너지 대기업이 풍력, 태양광 같은 재생 에너지에 투자한다면 사회에 긍정적 외부효과가 발생한다. 그들이 재생 가능한 에너지원을 제공하면 화석 연료로 인한 탄소 배출량과 그 나라의 에너지 수입 의존도가 줄어들기 때문이다.

외부효과가 중요한 이유

문제는 우리가 무엇을 생산하고 소비할지 결정할 때 모든 외부효과를 일일이 따지지 않는다는 것이다. 예컨대 누군가가 시내로 외출할 때 각 이동 수단에 따른 비용과 편익을 고려한 끝에 자가용을 몰기로 했다고 치자. 그러나 대부분의 사람이 같은 결정을 내린다면 교통 체증이 심해지고, 모든 사람에게 외부 비용이 부과되며, 다 같이 길바닥에 시간을 버리는 비효율적 결과를 낳는다. 따라서 외부효과를 고려할 때 자전거, 걷기, 대중교통 등 다른 교통수단을 장려하는 것이 사회에 더 효율적이다. 이렇게 사회적 효율성까지 감안하자면, 정부가 외부효과를 반영해 시장 가격을 조정할 필요가 있다.

그중 한 예는 운전자에게 시내로 운전하기까지 소요되는 실제 사회적 비용을 부과하는 혼잡 통행료다. 예를 들어 자동차 이동에 드는 휘발유 비용은 3파운드이고 런던으로 가기까지 외부 비용은 15파운

성인 교육은 긍정적 외부효과를 제공한다.

드로 평가된다면 혼잡 통행료는 15파운드로 책정된다. 운전자는 결국 개인적 비용에 외부 비용을 더한 총 18파운드를 지불하게 된다. 외부 비용을 청구해 얻은 정부 수입은 긍정적 외부효과를 기대할 수 있는 대중교통 개선이나 무료 자전거 대여 서비스 등으로 쓰일 것이다. 자가용 대신 외부 비용을 절감할 다른 교통수단으로 바꾸면 최악의 교통 체증과 오염을 방지해 더 바람직한 결과로 이어진다.

외부효과의 극복

외부효과에 과세하는 것을 '외부효과의 내부화'라고 한다. 우리가 세금이 포함된 가격을 지불하는 것은 단순한 개인적 비용이 아닌 사회적 비용까지 더 정확히 반영하는 가격이기 때문이다. 이 세금은 저서 《후생경제학The Economics of Welfare》(1920)에서 외부효과 개념을 소개한 경제학자 아서 피구Arthur C. Pigou의 이름을 따서 '피구세'라고도 불린다. 피구는 음주를 예로 들었다. 그는 과도한 음주가 의료비 증가, 범죄와 무질서의 확산, 경찰 인력 증원 등 사회에 많은 외부 비용을 초래한다고 주장했다. 따라서 술이나 담배 같은 상품에 세금을 부과해야 할 강력한 경제적 근거가 도출된다. 게다가 이들 상품의 수요는 가격에 비탄력적인 편이어서, 가격 상승분에 비해 수요량은 약간만 감소한다(13장 80~86쪽 참조). 덕분에 주세와 담뱃세는 정부에 중요한 세수입도 된다.

그러나 세금과 보조금 외에 외부

피구.

주류에 세금을 부과하는 이유는 부정적 외부효과와 관련이 있다.

효과에 대처하는 다른 방법도 있다. 예를 들어 정부는 행동경제학을 활용해 특정 소비 행위를 억제할 수 있다. 담배 광고를 금지하고 상점에서 담배를 진열대 뒤로 숨기는 것은 구매를 다소 어렵게 해서 수요를 줄이려는 시도다. 마찬가지로 정부는 '건강에 안 좋은 식품'에 소비자의 충동구매를 억제하려고 경고 라벨을 부착하는 방안을 시행하기도 한다.

그렇다고 개인이 항상 외부효과를 무시하는 것만은 아니다. 순수하게 이타주의의 차원에서, 혹은 브랜드 이미지를 개선할 목적으로 친환경적인 생산 방법을 택하는 기업도 있다. 실제로 동물 실험을 중단한 이후 해당 화장품 기업들은 브랜드 평판이 좋아졌다.

측정하기 어려운 외부효과

어떤 의사 결정의 경우에는 외부효과를 측정하기가 비교적 쉽다. 예를 들어 교통 혼잡 문제에서는 평균 대기 시간의 비용을 측정하고 이 시간에 가치를 부여할 수 있다. 그러나 다른 외부효과는 측정하기가 훨씬 어렵다. 원자력 발전소를 건설하면 외부효과는 얼마일까? 원자력 옹호자들은 탄소 배출 감량과 에너지 안보 등 긍정적 외부효과가

알아두면 쓸모 있는 경제학 상식 사전

있다고 주장할지 모른다. 그러나 체르노빌이나 후쿠시마 원전 사고에서 보았듯, 재앙에 가까운 외부 비용이 발생할 위험이 있다. 불확실성이 존재하는 경우에는 외부 비용을 나중에야 알게 되므로 그 가치를 의사 결정에 반영하기 어렵다. 다른 예로 헤로인이나 코카인 등은 세금으로 외부효과를 내부화하기에는 부적절하다. 개인에게 가하는 피해가 워낙 커서 세금보다 전면 금지가 더 바람직하다.

어쨌거나 외부효과는 순수 자유 시장에 상당한 한계선을 긋는다는 점에서 매우 중요한 의미가 있다. 자유 시장 논리만 따른다면 분명 개인과 기업들은 사회 후생에 큰 해를 끼칠 수 있는 외부효과를 무시할 것이다. 생산과 소비 과정에 외부효과가 켜켜이 끼어 있을수록, 정부 개입으로든 자율 규제로든 사회 전체의 후생을 개선하려는 노력이 더욱 필요하다.

체르노빌 사고 후 오염물 제거 작업.

44

석탄 줄이기
탄소 가격제

탄소 가격제는 생산자와 소비자에게 탄소 배출에 따른 외부 비용을 부과해 환경 오염을 해결하려는 정책이다.

탄소 가격제의 기본 취지는 '오염자 부담 원칙'이다. 이는 1992년 리우 환경 회담에서 국제법으로 명시한 원칙이다.

석탄 화력 발전소.

자유 시장에서 화력 발전은 탄소 배출과 그에 따른 지구 온난화 등 부정적 외부효과를 일으킨다. 이러한 부정적 외부효과는 전 세계는 물론, 현재 우리가 내린 결정 때문에 더 열악한 생활 수준에 직면하게 될 미래 세대도 떠안게 된다. 문제는 이 모든 외부 비용을 기업과 소비자는 부담하지 않는다는 것이다. 따라서 석탄의 시장 가격은 실제 사회적 비용보다 훨씬 낮게 책정된다.

사회적 비용

사회적 비용은 바로 탄소 가격제가 필요한 이유다. 탄소 배출에 경제적 비용을 매기려면, 석탄 사용이 초래하는 외부 비용만큼의 세금을 물리는 방법이 있다. 예컨대 화력 발전으로 전기를 생산하는 비용은 킬로와트시kwH당 10파운드, 오염이라는 악영향의 사회적 비용은 킬로와트시당 5파운드라고 가정하자. 여기에 탄소세를 부과하면 화력 발전 전기의 가격은 50% 인상되어 15파운드가 된다. 이제 소비자가 탄소의 사회적 비용을 전액 부담한다. 그리고 이 사회적 비용에는

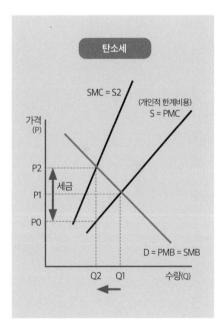

목표는 세금을 인상해 소비자에게 사회적 한계비용(SMC)을 부과하는 것이다.

태양광 패널 설치.

개인의 금전적 비용뿐 아니라 타인과 환경에 대한 숨은 악영향도 비용으로 포함된다. 경제학에서는 이 상황을 '외부효과의 내부화'라고 표현한다. 소비자가 탄소 사용으로 지불하는 가격에 개인적, 사회적 비용이 다 들어 있기 때문이다.

탄소세의 장점은 석탄 소비를 줄이려는 유인이 강해진다는 데 있다. 에너지 기업은 석탄이 비싸진 만큼 풍력이나 태양광 같은 재생 에너지로 전환할 유인이 생길 것이다. 소비자는 절전하려는 유인이 발동해 태양광 패널을 설치할지 고민하기 시작할 것이다. 단기적으로 석탄 수요는 매우 비탄력적이다(그래서 가격이 오른 것에 비해 수요량은 약간만 감소한다). 휘발유 가격이 오르더라도 우리는 여전히 휘발유가 필요하므로 오른 대로 비용을 지불한다. 그러나 탄소세가 제도로 정착하면, 기업과 소비자는 행동을 바꾸려는 유인이 더 강해진다. 우리는 가격 상승에 곧장 반응하지는 않지만, 대신 다음에 새 차를 구매할 때 내연기관차가 아닌 전기차를 택하는 식으로 반응한다. 또한 에너지 가격이 계속 오름세이면, 가계는 단열 장치나 태양광 패널을 설치하려 할 것이다.

한편 탄소세는 석탄 산업에 타격을 준다는 부정적 측면이 있다. 수요가 감소하면 기업은 그에 따라 직원을 해고한다. 이처럼 탄소 가격제는 석탄 산업이 단계적으로 퇴조하는 동안 일시적인 구조적 실업을 유발할 수 있다. 하지만 재생 에너지 같은 대체 에너지 분야에서는 새로운 일자리가 창출될 것이다.

세수 중립성Revenue Neutral

탄소 가격제는 소비자에게는 더 높은 비용을, 기업에는 더 낮은 이윤을 초래하므로 정치적으로 인기가 없다. 그러나 탄소 가격제는 전체적인 세금 부담을 늘리는 것이 아니라 오염을 유발하는 생산자와 소비자에게 세금을 전가하도록 설계되었다. 예를 들어 정부가 탄소세를 새로 도입해 20억 파운드를 거뒀다고 가정해 보자. 이렇게 거둔 세수 전액으로 가령 부가가치세를 20억 파운드 경감할 수 있다. 따라서 소비자가 납부하는 총 세액은 그대로지만, 이제는 그 세원이 달라졌을 뿐이다. 캐나다 정부는 탄소 가격제(오염 가격제pollution pricing라고 명명)를 도입했다. 이후 에너지 요금이 증가했지만, 정부는 탄소세로 거둔 세수의 90%를 세금 환급의 형태로 가계에 돌려주었다. 따라서 가계 전체의 가처분 소득은 별로 달라지지 않았다. 대신 가계들은 전기를 아껴 쓰려는 동기 부여가 더 강해졌다. 절전을 위해 부지런히 난방을 끄는 가계는 세금을 덜 내면서도 세금 환급 혜택까지 받을 수 있었으므로 이론상으로는 생활 수준이 더 나아졌다. 탄소세의 정치적 성패는 정부가 탄소세 수입을 효과적이고 가시적으로 재분배하기에 달려 있다.

탄소세의 장점은 사람들이 소비할 수 있는 것과 없는 것을 법으로 정할 필요가 없다는 것이다. 어떤 가족이 세계 일주를 간절히 떠나고 싶어 한다면 떠나도 아무도 말리지 않는다. 그러나 탄소세가 부과되면 항공료가 올라간다. 따라서 탄소세는 이 가족이 근거리 여행지로 휴가 계획을 바꾸게 하는 유인으로 작용한다. 탄소세 도입은 정부의 개입이 필요하지만, 생산과 소비량의 결정은 본질상 시장에 맡겨진다는 점에서 시장주의 경제학자들 입장에서도 반대할 이유가 없다. 이는 기업에 무엇을 어떻게 생산하라고 지시하는 개입주의적 접근 방식보다 간단한 방법이다.

탄소세의 문제

탄소세를 비판하는 근거 중 하나는 저소득층에 더 큰 영향을 미친다는 것이다. 예컨대 난방 비용이 오르면 저소득층과 노인들은 부담스러워지지만, 부유층은 난방료를 조금 더 내면 그만이다. 그러나 이러한 불평등이 탄소 가격제를 포기할 이유가 되어서는 안 된다. 필요하다면 탄소 가격제로 거둔 수익금을 저소득층의 세금 부담을 덜어 불평등을 해소하는 목적에 사용할 수도 있다. 결국 탄소세로 탄소 배출을 줄이고 환경을 되살려 모두가 혜택을 누리는 게 가장 중요하다.

그보다 더 우려할 점은 기업이 탄소세가 없는 국가로 생산기지를 옮겨, 투자를 가장 절실히 유치하고자 하는 국가로 사실상 오염 물질을 수출할 수 있다는 것이다. 예를 들어 호주가 탄소 배출을 줄이려고 탄소세를 부과한다면, 탄소세가 적용되지 않는 국가에 경쟁 우위가 창출되고 그곳으로 생산기지가 이전될 수 있다. 그러나 탄소세는 대개 소비량에 따라 부과되므로 생산자가 아닌 최종 소비자에게 세금 부담을 넘김으로써 이 문제를 무마한다.

또 탄소세의 잠재적 문제는 관리나 규제가 어렵다는 것이다. 먼저 탄소 배출의 실제 외부 비용은 어떤 쟁점을 중심으로 삼느냐에 따라 더 측정하기가 어려울 수 있다. 더 큰 애로점은 배출량을 어떻게

알아두면 쓸모 있는 경제학 상식 사전

항공업계는 탄소세를 회피하기 어렵겠지만, 모든 업계가 그렇지는 않다.

추적하느냐다. 탄소세 부담이 높아지면, 기업과 소비자는 오염 물질을 비밀리에 배출해 세금을 회피하려는 유인에 끌릴 것이다. 항공업계처럼 탄소세에서 빠져나갈 구멍 찾기가 매우 어려운 업계도 있지만, 유럽 자동차 업계 등 타 산업에서는 기업들이 탄소 배출량을 조작할 여지가 있다.

마지막으로, 일부 환경 운동가들은 탄소세로 충분하지 않다고 생각한다. 그들은 지구 온난화가 미래의 지구 생명체에 실존적 위협을 가하는 한, 탄소 배출을 계속 방치하는 시장주의 접근법 대신 화력 발전소를 당장 폐쇄하고 재생 가능 에너지를 의무화해야 한다고 주장한다. 반면에 탄소세 지지자들은 그렇게까지 할 필요는 없고 탄소세의 적정 수준을 설정하는 것이 실제 관건이라고 반박한다. 탄소세를 충분히 높게 설정하면 석탄 산업은 어쨌든 문을 닫게 될 것이란 말이다.

45

굳이 석유가 아니어도

석유와 대체 에너지

석유가 세계에서 가장 많이 거래되는 상품인 데는 그만한 이유가 있다. 석유는 현대 경제를 구성하는 중요한 요소다.

석유와 그 파생물은 오늘날 수송 체계의 토대를 형성하며 플라스틱부터 난방, 전력 생산에 이르는 다양한 용도로 쓰인다.

석유 생산자들은 가격 상승에 대응하여 공급량을 신속하게 늘릴 수 없거나 늘릴 의향이 없을 때도 있다.

석유의 단점

석유 의존도가 높으면 몇 가지 문제점이 있다. 무엇보다 석유는 시장 수요의 변화에 따라 가격 변동성이 크다. 그러나 공급은 적어도 단기적으로는 가격에 비탄력적이다. 유가가 상승해도 생산자는 이에 대응해 공급량을 신속하게 늘릴 수 없거나, 혹은 늘릴 의향이 없을 때도 있다. 새로운 유전을 개발하고, 시장에 공급하고, 원유를 사용 가능한 형태로 정제하려면 시간이 걸린다. 이 사이에 가격이 껑충 뛰고, 소비자는 주유소에서 훨씬 높은 가격에 맞닥뜨리게 된다.

석유의 더 큰 문제는 소비에 따르는 부정적 외부효과다. 우리가 석유를 사용하면 환경이 오염된다. 휘발유와 디젤이 배출하는 매연은 대도시의 대기 오염을 일으키는 주요 원인 중 하나로, 천식과 폐질환 등 건강 문제를 유발한다. 하지만 이는 석유 사용의 부작용 중 국지적 문제에 불과하다. 더 심각하게 탄소 배출은 지구 온난화의 주범으로, 이미 전 세계적으로 수많은 경제적, 사회적 문제를 일으키고 있다. 문제는 석유의 수요와 공급을 결정하는 시장의 힘이 이러한 외부 비용을 고려하지 않는다는 것이다. 그 결과 석유는 지구를 망치며 초래하는 비용에 아랑곳없이 계속 시장에서 소비되고 사회적 비효율을 낳는다.

또한 OPEC의 소수 국가가 생산을 주도한다는 것도 석유와 관련한 문제 중 하나다. 이를 바탕으로 생산자는 어느 정도 경제적, 정치적 영향력을 행사할 수 있는데, 이 사실은 특히 우크라이나 전쟁 중에 확실히 드러났다. 석유 수입국은 유가 상승기에 경제적, 정치적 곤경에 처한다. 예컨대 스리랑카는 2022년 유가 급등 후 석유를 수입하지 못해 심각한 경제 혼란을 겪었다.

석유의 대체재

1970년대 1차 오일쇼크 이후 전기, 배터리 구동 에너지 등 석유를 대체할 에너지의 범위가 점점 더 다양해졌다. 유가 상승은 생산자가 대체재 개발에 투자하게끔 이끄는 유인이다. 또한 에너지 효율의 향상을 촉진하는 계기로도 작용한다. 1960년대 미국 자동차는 악명 높으리만치 경제성이 떨어졌다. 그때는 휘발유 가격이 워낙 저렴해서 자동차 연비가 얼마나 좋은지는 별로 중요하지 않았다. 그러나 석유 공급이 막히고 가격이 상승함에 따라 소비자들은 연비가 더 좋은 자동차를 찾기 시작했다. 그 결과 2022년 석유가 경제에서 차지하는 비중은 1970년대보다 줄었다. 석유는 여전히 가장 많이 거래되는 상품이지만 가격 상승에 미치는 여파는 예전 같지 않다.

태양광 발전소.

알아두면 쓸모 있는 경제학 상식 사전

저렴해진 재생 에너지

흥미롭게도 재생 에너지에 수요가 증가하면서, 재생 에너지의 효율은 많은 사람들의 예상을 훌쩍 넘을 정도로 발전했다. 2009년부터 2019년 사이에 태양광 발전으로 생산된 전기의 전 세계 평균 가격은 메가와트시^{MWh}당 359달러에서 40달러로 크게 떨어졌다.

태양 에너지 가격이 이토록 빨리 하락한 요인은 무엇일까? 이를 설명하자면 꽤 여러 가지 경제 개념을 조합해야 한다. 첫째는 '규모의 경제'다. 패널 생산량이 적을 때는 평균비용이 높지만, 생산량을 확대할수록 더 큰 공장에서 대량 생산하는 것이 효율적으로 되어 평균비용이 낮아진다. 둘째는 '학습 곡선'이라는 개념이다. 기업이 패널 생산을 거듭할수록 이전 경험을 통해 비용을 절감하고, 신기술을 개발하며, 효율성을 높일 방법을 학습해 나간다. 그러면서 점점 가격을 낮추고 생산량을 늘린다. 그리고 기업은 생산량을 늘려 가며 더 효율적인 생산 방법을 부단히 터득하고, 이러한 작은 점진적 이득이 꾸준히 쌓인다. 초창기에 태양 에너지는 정부 보조금을 등에 업고 개발되었다. 사실 1960년대에 태양 에너지의 용도 중 하나는 우주 위성이었고, 당시 범용으로 쓰기엔 경제성이 떨어졌다. 그러나 이 특수 용도에 정부가 지원하기 시작한 게 태양광 발전의 밑거름이 되었다. 이제 태양광 전력 생산의 비용은 시장의 힘에 의해 낮아지고 있는 만큼, 정부 보조금은 더 이상 필요하지 않다.

대체 에너지로 전환하기 어려운 이유

2020년에는 풍력과 태양광 패널로 전력을 생산하는 비용이 석탄, 석유 등 기존의 화석 연료로 생산하는 비용보다 저렴해졌다. 그런데도

테슬라 전기차.

왜 우리는 여전히 석유와 화석 연료에 의존하고 있을까? 생산비는 둘째 치고, 석유에서 대체 에너지로 전환하도록 뒷받침할 인프라가 갖춰져야 하기 때문이다. 전기차는 내연기관차에 비해 운행 비용이 저렴하지만, 새 전기차를 구입하는 것 자체가 고소득층만 고려할 수 있을 정도로 상당한 투자를 요한다. 트럭, 비행기, 선박 등 많은 운송 수단은 배터리 구동 방식이 현실적으로 전기차와는 맞지 않다. 대체 에너지원으로 전환하기 어려운 또 다른 요인은 토지가 부족해서다. 내륙 풍력 발전은 가장 저렴한 에너지원 중 하나다. 하지만 이를 위해서는 인구 밀도가 높은 지역의 주민은 선뜻 수용할 수 없을 만큼 상당한 면적의 토지가 필요하다. 태양 에너지도 사정은 마찬가지다.

그러나 석유 소비를 줄일 때의 환경적 이점을 고려하면, 앞으로는 시장의 힘과 기술 발전을 통해 재생 에너지가 더욱 범용화되리라는 희망이 보인다. 재생 에너지는 그간 발전 추세를 보건대 점점 더 경쟁 우위를 확보할 것으로 예상된다. 그러나 환경 보호론자들은 시장의 힘만 기다려서는 충분하지 않다고 말한다. 화석 연료 사용을 억제하고 재생 가능 에너지에 보조금을 지급함으로써 전환을 서둘러야 한다는 입장이다.

46

언제 발 빼야 할까

매몰비용 오류

매몰비용 오류는 투자한 금액을 잊고 프로젝트를 취소하는 것이 합리적인데도 투자한 게 아까워 프로젝트를 계속하는 실수를 가리킨다.

회수 불가능한 비용

매몰비용은 회수할 수 없는 비용이다. 한번 투자하면 되돌릴 수 없다는 뜻이다. 예컨대 어떤 기업이 개인용 계산기 개발에 1억 파운드를 투자했다면, 이 연구 개발비는 매몰비용이다. 일단 기업이 연구원들에게 임금을 지불했으면 그걸로 끝이지, 돌려달라고 요구할 수 없다.

계산기 개발에 상당한 비용을 투자한 기업은 스마트폰이 출시된 이후 계산기 수요가 사라졌다는 사실을 뒤늦게 깨닫는다. 그들이 지금껏 투자한 비용은 매몰비용이 된다.

그러나 이 신제품 계산기를 개발한 지 몇 년 후, 그들은 이 제품을 괜히 개발했다는 걸 깨달을 수도 있다. 이제 소비자는 별도의 계산기 대신 스마트폰을 사용하므로, 개인용 계산기 시장은 저물어 가는 추세다. 하지만 프로젝트를 절반까지 진행했다면 어떻게 해야 할까? 추가로 1억 파운드를 지출해 계산기를 출시해야 할까? 매출액이 겨우 7000만 파운드로 추산되는 가운데 투자를 계속하면 이 시점을 기준으로 3000만 파운드의 순손실이 발생한다.

따라서 합리적인 기업이라면 프로젝트를 바로 종료하고 투자금 1억 파운드를 손실 처리할 것이다. 그러나 현실 세계의 경영자들은 프로젝트를 승인한 후 아무 성과도 보여주지 못하고 투자금 1억 파운드를 날렸다는 생각에 몸서리칠지도 모른다. 그래서 그들은 더 큰 손실을 감수하며 프로젝트를 밀어붙인다. 이는 과거 투자가 현재 결정에 영향을 미치는 매몰비용 오류다. 지금 중단하면 1억 파운드를 잃고 끝난다. 반면에 계속하면 1억 파운드에 매출 부진으로 인한 순손실 3000만 파운드를 더해 총 1억 3000만 파운드의 순손실을 기록한다. 그러나 기업 경영진은 투자금 1억 파운드를 적자 처리하고 자신의 잘못을 인정하는 것이 마음에 가장 걸린다.

콩코드 오류

매몰비용 오류의 또 다른 좋은 예는 콩코드 여객기다. 1962년 콩코드 개발에 쏟아부은 초기 비용은 7000만 파운드였다. 그러다 1976년에는 15억 파운드로 불어났다. 그뿐 아니라 유가 급등으로 연료 효율이 매우 낮아지면서 콩코드의 매력은 더욱 퇴색했다. 또한 비행 중 굉음과 안전에 대한 우려 때문에 예비 고객들이 발을 뺐다. 콩코드는 절대

콩코드는 매몰비용 오류의 가장 유명한 사례 중 하나다.

수익 가능성이 없었고, 영국과 프랑스 정부는 개발 비용을 떠안은 채 손실을 입을 게 뻔했다. 비용은 첩첩이 쌓였고, 시장 상황은 변했다. 이미 적자가 뻔한 이 프로젝트를 손실이 더 커지기 전에 중단하는 게 합리적이었을 것이다. 그러나 투자가 너무 많이 진행되었고 영국과 프랑스 간 협력의 상징이 되었기 때문에 양국 정부는 그만둘 생각이 없었다. 초기 투자 비용은 결코 회수되지 못한 채, 결국 2003년에 콩코드는 역사의 뒤안길로 사라졌다.

개인의 매몰비용

개인 일상에서도 다양한 유형의 매몰비용 문제가 있다. 여러분이 피트니스 센터에 정기 회원으로 등록했다고 가정해 보라. 그러나 한 달이 지나고 몸에 병이 났다. 애초에 회비를 내지 않았다면, 굳이 아픈 몸을 이끌고 센터에 다닐 생각도 들지 않을 것이다. 그러나 회비를 이미 냈으므로 본전을 뽑으려면 꼭 가야 할 것 같은 기분이 든다. 이미 40파운드를 지불했는데 가지 않으면 돈 낭비 같다. 그러나 효용을 극대화하려면, 피트니스센터에 갈 때 바로 지금 내가 만족할 수 있을지

한번 지불한 연간 피트니스센터 이용료는 매몰비용이다.

스스로 질문해야 한다. 몸이 아프다면 무리한 운동으로 병을 더 키울 게 아니라 40파운드를 지불했다는 사실을 그냥 잊어야 한다.

또 여러분이 도심의 아파트를 10만 파운드에 구입해서 살다가 이 제 더 마음에 드는 교외 지역의 15만 파운드짜리 주택으로 이사하고 싶다고 가정하자. 15만 파운드의 집을 살 여력은 있지만, 문제는 코로 나19 이후 도심의 집값이 하락했다는 것이다. 누군가 여러분의 집을 9만 3000파운드에 매수하겠다고 제안했지만, 여러분은 손해를 보기 싫어 원래 구매가인 10만 파운드에 살 사람이 나타날 때까지 기다리 고 싶다. 그러나 10만 파운드의 매몰비용을 회수할 때까지 기다리다 간 점찍어 둔 교외 집을 다른 매수자에게 뺏길 수 있다. 그러므로 집을 팔지 말지 결정할 때, 처음에 얼마 주고 샀느냐가 머릿속을 지배해서 는 안 된다. 핵심은 지금 얼마에 팔아야 좋으냐다. 주식을 샀는데 주가 가 10% 하락했다면, 앞으로 더 폭락하기 전에 지금 10% 손실을 감수 하고 매도하는 편이 낫다.

매몰비용 오류는 정말 오류일까?

경제 교과서에서는 이윤과 금전적 수익의 극대화를 최우선 목표로 가정한다. 그래서 교과서는 경영자가 가망 없는 투자 프로젝트를 중도 포기하지 않으면 더 큰 손실을 입는 매몰비용 오류를 초래할 때가 많다고 설명한다. 그러나 현실에서 사람들이 오직 이윤 극대화만을 중요한 목표로 삼는 건 아니다. 개인용 계산기를 개발한 기업 입장에서는 대규모 프로젝트를 중도 포기하면 이미지에 타격을 입을 수도 있다. 그렇게 많은 돈을 투자했다가 포기한 기업이라며 사람들의 손가락질을 받을지도 모른다. 대신 계속 밀어붙인다면 체면을 유지할 수 있다는 이점이 금전적 손실을 만회할 가능성도 있다.

한 기업이 새로운 브랜드를 론칭하고 광고에 수백만 달러를 투자했다고 가정하자. 이 광고비는 매몰비용이다. 처음부터 반응이 안 좋아 기업이 즉시 이 브랜드를 포기하기로 결정했다면 소비자들의 입방아에 오르내릴 것이다. 가끔은 금전적 순손실이 발생해도 체면상 밀고 나가는 것이 중요할 때도 있다. 콩코드 역시 마찬가지였다. 이 일류 초음속 여객기는 영국과 프랑스의 기술력이 합작된 상징물이었다. 수십 년이 지난 후에도 콩코드는 여전히 세계에서 가장 유명한 여객기로 사람들의 상상력을 자극한다. 이런 이득은 대차대조표상 손익 계산으로는 쉽게 평가할 수 없는 것이다.

마지막으로 피트니스센터 이용과 같은 개인적 선택은 어떨까? 왜 우리는 월 단위로 피트니스센터 회원에 가입하거나 외국어 수업 비용을 선지급하는 데 동의할까? 답은 우리가 비용을 한꺼번에 선지급하면 가기 싫어도 피트니스센터에 가려고 노력하기 때문이다. 다시 말해 우리는 연간 피트니스센터 이용권이라는 매몰비용으로 자

투자의 매몰비용은 사업에 해를 끼칠 수 있지만, 이윤 그 이상의 동기까지 생각하면 다른 이점이 금전적 손실을 만회하기도 한다.

신을 속박하고자 한다. 센터를 이용할 때마다 돈을 내는 방식이라면, 가기 싫을 때 안 가도 되는 이유가 된다. 그러나 선지급은 이미 돈을 냈으니, 본전을 뽑게끔 동기를 부여한다.

정리하자면, 전망이 좋지 않다 싶은 계획은 매몰비용을 기꺼이 무시해야 한다. 하지만 그에 못지않게 우리가 고려할 유일한 요소가 손익만이 아니라는 점도 잊지 말아야 한다.

47

러다이트 오류

새로운 기계가 도입되어 일자리를 잃은 노동자는 당연히 신기술이 실업을
유발한다고 믿기 쉽다.

그러나 신기술이 전반적인 실업률을 높인다는 믿음은 전체 그림의
일부만을 보고 판단한 오해다.

신기술이 일자리를 창출하는 과정

경제에 신기술이 도입되면 일부 노동자가 일자리를 잃는 건 사실이
다. 마트에 무인 계산대가 도입되어 계산원이 해고된다면, 당연히 계
산원은 무인 계산대가 내 일자리를 빼앗았다며 화낼 만도 하다. 그러
나 이 신기술은 경제에 다른 여러 효과를 창출한다. 먼저 무인 계산
대를 개발하고 만드는 과정에서 일자리가 생겨난다. 따라서 마트에
서는 일자리가 줄어들겠지만, IT 및 소프트웨어 개발 분야에서는 일
자리가 늘어날 것이다. 하지만 이 신기술의 이면에는 또 다른 영향도
숨어 있다. 마트는 무인 계산대로 인해 직원 수를 줄일 것이므로 평

무인 계산대.

균비용을 낮출 테고, 나아가 기업들도 가격을 낮출 수 있다. 평균적인 가계가 장 보러 갈 때마다 더 낮은 가격을 지불한다면, 눈에 잘 보이지는 않아도 가처분 소득이 늘어난다. 그들은 이렇게 늘어난 가처분 소득을 외출, 여가, 오락 등의 추가 지출에 쓸 것이다. 이런 식으로 새로운 부문에서 신규 일자리가 창출되는 파급 효과가 일어난다. 마트 계산원은 무인 계산대 때문에 일자리를 잃겠지만 곧 다른 업종에 재취업할 것이다.

지난 200년간의 실업 추이

러다이트 오류에 접근하는 또 다른 방법은 지난 200년간의 모든 기술 발전을 고려했을 때, 그동안 실업률이 어떻게 변했는지 살펴보는 것이다. 경기 변동을 고려하면 그동안 전반적인 실업률은 매우 비슷한 수준을 유지했다. 물론 경제의 특성은 극적으로 변했다. 200년 전에는 노동 인구의 90%가 농업에 종사했지만, 현대에는 농업이 기계화되어 그렇게 많은 농부가 필요하지 않다. 농장에서 일자리를 잃은 노동자들은 도시로 이주해 공장에 취업했다.

그러나 꾸준한 기술 발전으로 결국 도시의 일자리도 대부분 기계와 더 효율적인 생산 방식으로 대체되었다. 기술은 언제나 생산 효율성과 사회의 평균 소득을 높여 왔다. 그 결과 더 다양한 재화와 서비

알아두면 쓸모 있는 경제학 상식 사전

새 기계를 부수는 러다이트.

스의 소비가 가능해졌고, 영속적인 소득 증가와 새로운 일자리 창출로 이어졌다.

'러다이트 오류'는 새로운 방적 기계가 전통적인 숙련공 중심의 의류 생산 방식을 대체할 거라고 위협을 느낀 19세기 직물 노동자들에서 유래한 표현이다. 이들 노동자 개개인이 피해를 본 것은 사실이지만, 만일 우리가 1800년의 기술 수준에 머물렀다면 오늘날 선택할 수 있는 옷의 품질과 생활 수준은 상당히 조악할 것이다. 지난 100년간 신기술에 밀려 한 산업이 통째로 몰락하고 수많은 일자리가 사라진 사례는 무수했다. 그러나 이러한 변화로 발생한 실업은 일시적일 뿐이었다.

이번에는 다르겠지

러다이트 오류에서 흥미로운 점은 신기술이 전반적 실업률에 영향을 끼치지 않는다는 사실이 역사를 통해 거듭 입증되어도, 사람들은 이번에는 다를 것이라는 두려움을 여전히 떨치지 못한다는 것이다. 예를 들어 인공지능과 힘센 로봇이 운전사, 간호사, 의사, 회계사 등 이전에는 기술의 영향을 받지 않던 숙련 직종마저 대체할 것이라는 우려가 나온다. 사실상 기술의 발전으로부터 안전한 직업은 없을 것이다.

그러나 실제 이것이 현실이 되더라도 경제학적으로는 똑같은 논리가 적용되어야 한다. 로봇이 의사나 회계사를 대체하면 우리는 진료비와 수수료를 어마어마하게 아낄 수 있을 것이다. 많은 재화와 서비스의 가격이 연이어 하락할 테고, 우리는 전에 없던 유형의 서비스와 넉넉해진 여가를 즐기며 더 나아진 생활 수준을 누릴 것이다. 이

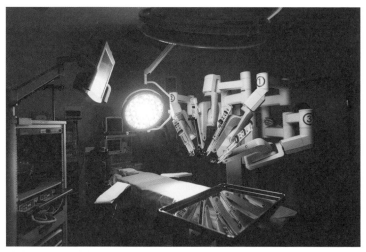

미래는 이런 모습일까? 로봇 외과 의사.

렇게 기업은 원가를 절감하고 가계는 가처분 소득이 증가하니, 지금으로서는 예상하지 못할 신박한 산업이 탄생할지도 모를 일이다. 한편 고소득층 중에는 영혼 없는 로봇보다, 돈을 좀 더 주더라도 인간교사나 의사와 대면하고 싶은 사람도 있을 것이다. 요점은 신기술이 등장하고 생산성이 향상하면 사람들의 소득이 오르고 선택의 폭도더 다양해진다는 것이다. 모든 사람이 신기술의 혜택을 누릴 수 있게하려면 보편적 기본소득을 지급하는 방안도 고려할 수 있겠다.

구조적 실업

시간이 지날수록 신기술이 경제 내 특정 부문에 새로운 일자리 기회를 창출한다는 건 사실이다. 그러나 다른 부문의 노동자는 단기적으로 심각한 생활고에 시달릴 것이다. 신기술 때문에 일자리를 잃은 철강 노동자는 IT나 레저 서비스 등 신산업에 걸맞은 역량이 부족해서

최근 몇 년간 광부 수가 감소했다.

재취업이 쉽지 않다. 게다가 신기술은 특정 지역에 집중타를 가한다. 가령 어떤 기술이 광산업에 영향을 미친다고 치자. 그렇다고 광산 지역의 주력 산업이 쉽사리 다른 부문으로 바뀌는 건 아니므로, 광부들 사이에서 실업률이 급증할 것이다. 따라서 신기술이 도입되면 무시할 수 없는 희생이 따른다. 신기술이 장기적으로는 전체 사회에 이로울지라도, 신기술의 급습에 적응하지 못하는 지역에서는 매우 심각한 실업 문제가 일어날 수 있다.

러다이트 오류가 사실이라면?

신기술을 두려워하지 않아도 될 충분한 근거가 있지만, 러다이트 오류가 알고 보니 오류가 아닐 가능성도 배제할 순 없다. 신기술이 수많은 실업자를 양산하리라는 시나리오도 생각해 봄 직하다. 아마존, 애플, 구글, 테슬라 등 거대한 시장 지배력을 자랑하는 소수의 다국적 대기업이 사회에 파장을 일으킬 만한 신기술을 개발했다고 가정하자. 그다음 이들 기업은 노동자를 신기술로 대체해 생산 효율성을 높인다. 그러나 그들은 효율성 향상의 효과를 제품 가격을 하락하는 형태로 소비자에게 돌려주는 대신, 오히려 독점력을 이용해 가격을 올릴 수도 있다. 이 시나리오에서 신기술의 이득은 물건을 저렴하게 살 수 있게 된 일반 소비자가 아니라 더 높은 이윤을 챙기게 된 기업이 차지한다. 그러면 사회 전체적으로는 소득이 늘어나더라도, 한쪽의 시민들은 그 덕을 보지 못하게 된다. 실제로 그들은 안정적 일자리를 인공지능에 빼앗겼거나 물가 상승에 시름을 앓고 있을 것이다.

정부가 법인세를 올려, 늘어난 세수를 실업수당 등에 쓰는 방안도 있다. 그러나 기업이 조세 피난처에 이윤을 빼돌리는 한, 그들의 돈은 범접 불가다. 따라서 소수의 독점이 지배하고 많은 노동자가 양질의 대체 일자리를 찾지 못하면, 전체 실업률은 상승할 것이다.

48

끝없는 변화가 낳은
창조적 파괴

창조적 파괴는 자본주의가 끊임없이 변화하고 발전하는 과정을 설명하는
용어다.

그리고 이 변화와 발전을 위한 조건 중에는 비효율적인 기업은 시
장에서 퇴출하도록 놔둬야 한다는 발상도 포함된다. 이에 따라 일
시적 실업과 생산량 감소를 초래하더라도 장기적으로는 새로운 아
이디어, 새로운 제품, 새로운 기업이 전면에 등장할 기회가 열리기
때문이다.

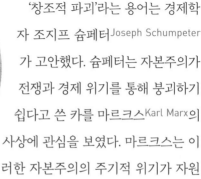

'창조적 파괴'라는 용어는 경제학
자 조지프 슘페터Joseph Schumpeter
가 고안했다. 슘페터는 자본주의가
전쟁과 경제 위기를 통해 붕괴하기
쉽다고 쓴 카를 마르크스Karl Marx의
사상에 관심을 보였다. 마르크스는 이
러한 자본주의의 주기적 위기가 자원

슘페터.

알아두면 쓸모 있는 경제학 상식 사전

을 낭비하고 노동자에게 피해를 준다고 보았다. 그러나 슘페터의 관점은 매우 달랐다. 그는 끝없는 변화만이 경제를 성장시키고, 생산성을 높이며, 새로운 아이디어 및 기술이 탄생하는 유인을 일으킨다고 주장했다.

> 자본주의 엔진을 작동하고 유지하는 근본적인 추진력은 자본주의 기업이 창조하는 새로운 재화, 새로운 생산 및 운송 방식, 새로운 시장, 새로운 산업 조직 형태에서 비롯한다.
>
> ― 슘페터, 《자본주의, 사회주의, 민주주의》(1942)

창조적 파괴의 논거는 러다이트 오류에 대한 반론과 상당히 겹친다. (신기술로 노동자가 일자리를 잃는) 외견상 악재처럼 보이는 일도 경제의 다른 쪽에서는 호재로 작용한다는 가설에서 출발하기 때문이다.

대로변의 폐업한 가게. 이 자리에 더 유망한 사업체가 들어설 것인가?

구 소련의 계획 경제에서 가장 큰 한계는 정부가 많은 국유 산업을 안전하게 지켜줬다는 점이었다. 기업은 무슨 일이 닥쳐도 무사했고, 직원들도 모두 해고당할 염려가 없었다. 이렇게 국유 산업은 아무리 비효율적, 비생산적이어도 망하지 않는다는 보장이 있었다. 문제는 이것이 잘못된 유인을 끌어냈다는 것이다. 새로운 아이디어와 업무 방식을 도입하기보다 현상을 유지하는 게 편했다. 따라서 자본주의 체제에서라면 시장에서 퇴출했을 기업들이 소련 체제에서는 국가의 지원으로 끄떡없었다.

혁신의 중요성

창조적 파괴는 자유방임주의, 즉 자유 시장주의 경제 접근법을 뒷받침한다는 점에서 중요하다. 기업은 경쟁에서 뒤처지지 않도록 꾸준히 사업을 개선하고, 비용을 절감하며, 신제품을 개발하려 노력한다. 수익을 못 내는 기업은 그들이 자원을 비효율적으로 사용하고 있다는 신호다. 이 기업이 문을 닫는다면 직원과 자원은 더 생산적인 곳으로 이동할 것이다. 예컨대 도심에 대형 음반 매장이 있었으나, 디지털 음원 때문에 매출이 급감했다고 가정하겠다. 이 매장은 노른자 입지에서 직원 100명을 두고 영업해 왔다. 만약 문을 닫는다면 점포를 비우고 직원 100명을 내보내야 한다. 그러나 이 공간에 한 스타트업이 들어설 수도 있다. 그리고 그들은 이곳을 수요 면에서 더 유리한 디지털 콘텐츠 제작자를 위한 작업실과 사무실의 복합 공간으로 사용할 것이다. 음반 매장이 폐쇄된 자리에는 이제 더 생산성 높은 새로운 기업이 들어선다. 존폐의 위협을 느끼는 기업은 경영 방식을 바꿔야겠다는 자극을 받는다. 예컨대 종이 신문 매출이 감소한 신문

알아두면 쓸모 있는 경제학 상식 사전

미국 펜실베이니아주 애슐리 지역에 덩그러니 남겨진 쇄탄기.

사는 유료 콘텐츠를 제공하는 온라인 뉴스 분야에 투자해 새로운 형태의 수익원을 발굴할 수 있다. 요즘 세상에 온라인 시장과 유료 콘텐츠로 전환하지 않으면 사업을 접어야 할지도 모른다.

지난 100년을 되돌아보면 최고의 기업들은 끊임없이 변화해 왔다. 전후기의 50대 기업들은 오늘날의 상위 기업들과 매우 다른 모습이었다. 많은 전통 소매업체는 월마트나 아마존 등 비용을 절감하고 혁신적인 접근법을 도입해 새로운 활로를 찾은 신진 경쟁업체에 밀려 시장에서 물러날 수밖에 없었다. 그로 인한 부정적 측면은 울워스 Woolworths(1909년 설립된 영국의 유서 깊은 소매 유통 체인. 한때 영국에 800곳 이상의 매장을 거느렸으나, 금융 위기 여파로 2009년 전 매장을 철수한 후 2015년 온라인 시장에서도 공식 해산됨-옮긴이) 같은 전통 소매업체가 다수 사라졌다는 것이고, 긍정적 측면은 많은 주요 재화의 가격이 하락했다는 점이다.

창조적 파괴의 비용

학문적 관점에서는 창조적 파괴와 자유방임 경제학의 미덕을 논하기 쉽다. 장기적으로 창조적 파괴와 기업의 재창조로 사람들의 생활 수준이 향상하고 상품 선택의 폭이 넓어졌다. 하지만 현실적으로 이러한 창조적 파괴 과정에 영향받는 희생도 있다. 비효율적 기업이 폐업하면 일부 노동자는 수년간 새로운 일자리를 찾지 못하는 구조적 실업에 처할 수 있다. 또한 한 산업이 사양 산업이 된 후 그 자리가 반드시 다른 산업으로 대체된다는 보장도 없다. 제조업이 쇠퇴한 미국 중서부와 북동부의 주, 즉 러스트 벨트는 제조업을 대체할 새로운 일자리와 기업이 들어서지 못했다. 실제로 이곳은 지역 자체가 쇠퇴하기 시작하면서 주민들이 타지로 떠났다. 도심은 방치되었고 그에 따라 사회 문제도 심각해졌다. 새로운 산업이 창출되긴 했지만 주로 대도시에 집중되면서 인구 과밀화와 주택난이 문제점으로 대두했다.

시장 논리는 이윤만을 중시하기에 사회적 후생 같은 광범위한 문제는 고려하지 못한다. 예를 들어 1920년대 미국 자동차 산업은 이들 업계에 유리한 입법에 힘입어 급성장했다. 그 결과 열차와 버스 기업은 시장에서 퇴출했고, 도시는 온통 자동차 천지가 되었다. 어떻게 보면 이는 진보였다. 자동차는 이동을 자유롭게 하고 운송 비용을 절감한 위대한 발명품이다. 하지만 환경 오염, 체증, 교통사고 등 부정적 외부효과도 낳았다. 미국의 도시들은 이제 온통 자동차로 뒤덮여 거주지로서의 매력은 떨어졌다. 지역 대중교통이 시장에서 밀려난 현상도 창조적 파괴에 해당하지만, 그로 인해 대중교통 시스템이 사회에 주는 편익도 사라졌다. 마지막 요점은 심각한 침체기에는 단지 현재의 시장 상황을 이유로, 우수하고 효율적인 기업조차 시장에

창조적 파괴는 자유방임 경제의 외부효과를 고려하지 못한다. 자가용이 대거 보급되고 대중교통이 쇠퇴하면서, 미국 여러 도시에서 오염과 교통난이 불거지기 시작했다.

서 퇴출할 수 있다는 것이다. 2009년 경기 침체 당시 미국 자동차 산업은 거의 파산 지경에 이르렀다. 일각에서는 시장의 힘에 맡기자고 주장했지만(대기업들이 망해도 장기적으로는 그게 최선일 것이므로), 정부는 시장에 개입해 자동차 기업을 구제하기로 결정했다. 나중에 경기가 회복되자 자동차 산업도 반등했다. 만약 창조적 파괴의 흐름에 맡겼다면 이러한 반전은 일어나지 못했을 것이다.

49

나쁘기만 한 걸까

이민의 영향

이민은 해외로부터 대거 유입되는 이민자의 문화적, 사회적, 경제적 영향으로 인해 흔히 정치적 논란의 대상이 되곤 한다.

한 국가에 이민자가 대거 유입될 때 경제에 이로운지는 의견이 분분하다. 이민을 우려하는 한 가지 논거는 노동 공급량이 증가하면 임금이 하락하고 현지 노동자의 고용 안정성이 위태로워진다는 것이다. 이 주장은 단순한 수요 공급 분석에 기초한 것으로, 공급량이 증가하면 임금은 하락한다는 논리다.

이민 때문에 임금이 떨어질 수 있을까?

그러나 위의 논리는 노동 시장만 놓고 봤을 때 그렇다는 얘기다. 이민자 유입은 사실 노동 공급뿐 아니라 전체 수요에도 영향을 미친다. 한 경제 내에 거주하고, 일하고, 소비하는 구성원이 늘어나면, 재화와 서비스에 대한 전반적인 수요가 증가할 것이다. 따라서 이민은 노동 공급만큼이나 노동 수요도 함께 증가하게 한다. 이민자 유입의 효과는

알아두면 쓸모 있는 경제학 상식 사전

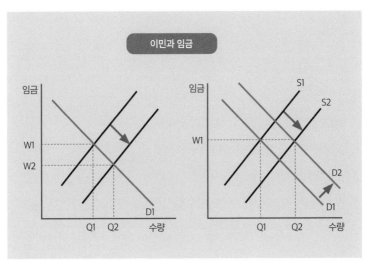

노동 공급량(S)이 증가하면 임금이 하락한다. 그러나 수요량(D)도 같이 증가하면 임금은 그대로 유지된다.

본질상 인구 증가의 효과와 비슷하다. 인구가 많아지니 그만큼 경제의 전체 규모도 커진다. 따라서 이민자의 존재 자체만으로는 전반적인 임금에 심한 영향을 미칠 가능성이 별로 없다.

그러나 고도의 자질을 갖추지 않은 비숙련 노동자가 집중적으로 이민을 온다면, 노동 시장에서는 저임금에 기꺼이 일하려는 비숙련 노동자가 불균형적으로 증가한다. 이 경우 일자리 경쟁이 치열해지나 수요 증가는 그만큼 받쳐주지 못하므로, 현지 비숙련 노동자의 임금이 하락할 것이다. 숙련 노동자라면 비숙련 이민의 영향을 받지 않는다.

이민이 국내에 미치는 영향은 수없이 연구 대상이 되어 왔지만, 결론은 대개 엇갈린다. 아무튼 이민으로 비숙련 노동자의 임금이 낮아질 수 있으나 그 영향은 아주 제한적인 경우가 많다.

1887년 뉴욕으로 향하는 이민자들.

실업에 미치는 영향

사람들이 이민자 유입을 가장 걱정하는 이유는 실업 때문이다. 안 그래도 경제에 수요가 모자라 노동력이 남아도는 침체기에 이민자들까지 들어온다면 실업 문제가 가중될 것처럼 보인다. 그러나 여기서도 문제는 이민이 아니라 경제 상황이다. 경기 침체기에는 이미 일자리가 부족한 상태이므로 늘어난 노동력을 흡수하지 못한다. 그러나 경제가 회복되면 노동의 공급과 수요가 양쪽에서 증가하는 이중 효과 덕에 더 많은 사람이 일자리를 구할 수 있을 것이다.

실제로 고실업의 침체기에는 이민의 유인이 상당히 떨어진다. 그러므로 일자리가 적은 시기에는 경제의 자기 조절력에 따라 이민자가 절로 감소한다. 2000년대 초호황기에 아일랜드는 건설 노동자가 많이 유입됐지만, 주택 시장이 반전되고 집값이 하락하면서 이민자의 발길이 뚝 끊겼다. 경기가 안 좋은 가운데 많은 외국인 노동자

알아두면 쓸모 있는 경제학 상식 사전

는 아일랜드에서 실업자로 남느니 본국으로 돌아가길 택했고, 그 결과 실업률이 안정되었다. 또한 19~20세기 과도기의 미국처럼 순 이민율이 매우 높은 국가의 경제를 보면, 이민자 유입과 일자리 창출은 제법 공존할 수 있는 것으로 보인다.

이민자의 연령대

이민의 효율성을 결정하는 또 다른 요소는 노동자의 연령대다. 이민자가 젊고 노동 연령층에 속한다면 노동력을 늘리고 부양인구비를 낮추므로 경제에 활력을 불어넣을 수 있다. 노동 연령층은 소득세는 가장 많이 납부하는 인구 집단이되, 정부 지출에서 큰 비중을 차지하는 연금의 수급 대상은 아니므로 정부 재정을 지탱하게 하는 일등 공신이다. 게다가 의료비 지출은 노인층에 집중적으로 투입된다. 따라서 주로 노동 연령층에 속하는 이민자들은 공공 재정에도 도움이 된다. 이 점은 많은 서구 국가가 심각한 저출산과 급격한 고령화에 직면하고 있는 만큼 점점 더 중요하게 부각될 것이다. 인구 고령화는 연금과 의료비 지출 부담으로 정부 재정에 압력을 가하고 있다. 이런 상황에서 노동 연령대의 젊은 이민자들은 정부의 재정 상황에 숨통을 트게 할 테고 간병인, 의료 직원 등 일손이 부족한 여러 직종에도 빈자리를 채워줄 것이다.

이민이 인기 없는 이유

대개 이민자들은 경제적 기회를 찾아 이동하므로 노동 연령에 속한 사람이 많다. 따라서 이민자 유입은 이론상 GDP 증가와 재정 개선 등 경제에 전반적인 이득이 되고, 비인기 직종의 일자리를 채우는 데도 도움이 된다. 예컨대 노동력의 자유로운 이동이 가능한 EU에서는 동유럽 노동자들이 서유럽으로 대거 이주했다. 이는 어느 정도 경제적 이익을 가져왔지만, 영국이 EU를 탈퇴하는 결정적 요인이 되었을 만큼 대중 사이에서는 별로 인기가 없는 편이다. 왜 경제적 이익은 눈에 보이지 않을까? 먼저 이민은 대개 특정 지역에 쏠리기 때문에 그 지역의 인구가 유독 증가하는 경향이 있다. 이로 인해 교통 체증, 주택난, 공공 서비스 및 편의 시설 부족 현상이 가중된다. 거시경제적 관점에서 국고 재정은 개선되겠지만, 이민자가 집중된 지역의 거주민들은 개선된 재정으로 공공 투자가 늘어났는지는 체감하기 힘들고 어딜 가나 길어진 대기자 명단과 임대료 상승만 체감하게 된다. 이론상 정부는 늘어난 세수를 가지고 주택이나 공공 서비스에 투자할 수 있지만, 그 대신 재정적 제약을 이유로 투자를 포기할 수도 있다. 후자의 경우 주민들은 해당 지역에 인구가 증가한 후

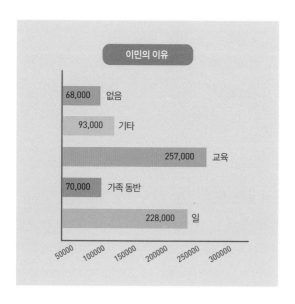

알아두면 쓸모 있는 경제학 상식 사전

벨기에의 수도 브뤼셀은 높은 인구 밀도가 규모의 경제를 창출하는 곳이다.

불편해진 점만 눈에 들어올 것이다.

우리는 높은 인구 밀도를 부정적으로 여기는 경향이 있고, 실제로 문제가 되기도 한다. 부동산 임대 가격은 공급이 제한적이다 보니 물가 상승률과 소득 증가율보다 빠르게 상승한다. 그러나 인구 밀도가 높을 때의 장점도 있다. 대중교통과 공공 투자의 효율이 좋아지므로 규모의 경제 효과가 생긴다. 도시처럼 인구 밀도가 높은 지역은 지방보다 1인당 순탄소 배출량이 현저히 낮다는 점에서 환경에도 좋다. 벨기에나 네덜란드 같은 국가는 인구 밀도가 높지만, 경제가 이러한 인구 밀도에 적응해 가며 발전한 터라 생활 수준이 양호하다.

50

누가 승자이고 패자일까
주택 시장

주택 시장도 다른 여러 시장과 마찬가지로 수요와 공급의 영향을 받지만,
가계와 더 넓게는 경제에 있어서 특히 중요하다.

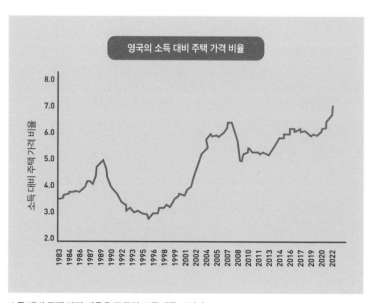

소득 대비 주택 가격 비율은 꾸준히 오름세를 보였다.

최근 몇 년 동안 아시아, 유럽, 미국 등 많은 국가에서는 집값 상승률이 물가 상승률을 앞질렀다. 이 때문에 내 집을 마련하든 세를 들어 살든 주거비 부담이 굉장히 높아졌다. 도시인들은 가처분 소득의 최대 50%를 집세나 모기지 상환에 쓰고 있을 만큼, 높은 주거비는 삶의 질에 큰 걸림돌이다. 집값은 왜 이렇게 올랐고, 승자와 패자는 누구일까?

그동안 영국의 주택 가격은 물가와 소득보다 더 무서운 기세로 올랐다. 1990년대 중반 평균 주택 가격은 국민 평균 소득의 3배에 약간 못 미쳤다. 그러나 2022년에는 그 배수가 7배로 껑충 뛰었다.

이 현상을 설명하려면 간단한 수요 공급 분석을 활용할 수 있겠다. 인구 밀도가 높은 지역에서는 새집을 짓기가 어렵다. 갈수록 줄어드는 녹지를 보전해야 할 필요성 때문에 주택 신축 계획이 통과되기 쉽지 않다. 이제 대도시에는 증가하는 주택 수요를 충족할 주택 부지가 별로 남아나지 않았다. 이처럼 제한된 공급량은 물가 상승률보다 빠른 주택 가격의 상승세를 설명하는 중요한 요인이다. 그러나 고려해야 할 요소는 이외에도 또 있다.

주택 수요가 증가해 온 이유는 여러 가지가 있다. 우선 인구가 거의 증가하지 않는 국가에서라도 세대수는 빠르게 증가할 수 있다. 요즘은 대가족이 별로 없고, 갈수록 1인 가구가 늘어나는 추세다. 그러다 보니 인구보다 세대수가 더 가파른 속도로 증가하고 있다. 게다가 2008년부터 2022년 사이에는 수요자가 주택 구입에 더욱 마음이 끌릴 만한 또 다른 이유가 있었다. 각국 중앙은행이 경기 침체를 막기 위해 초저금리 정책을 유지한 것이다. 이로 인해 대출받아 주택을 구입하는 것이 유행했다. 금리가 제로에 가깝게 되자, 저축이나 채권은

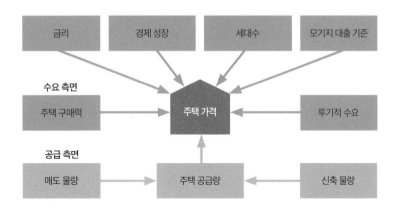

쏠쏠한 수익원이 되지 못했다. 그 대신 투자자들은 저렴한 대출 비용으로 주택을 구입한 후 상당한 임대 소득과 시세 차익을 챙겼다. 이렇게 주택 가격이 오른 이후 주택 수요의 성격에 변화가 생겼다. 투자자들이 점점 실거주 목적이 아닌 임대 목적으로 주택을 구매하게 된 것이다. 주택 가격이 거침없이 상승하자, 너도나도 부동산 투자 붐에 뛰어들었다.

승자와 패자는 누구?

높은 주택 가격의 문제는 승자와 패자가 갈린다는 것이다. 승자는 시세 차익과 괜찮은 임대 소득의 수혜자인 집주인과 임대 투자자다. 적어도 그들에게는 부동산 투자가 고소득을 보장하는 선순환을 창출한다. 투자 수익을 재투자해 보유 부동산을 늘림으로써 주택 가격 상승을 더욱 부채질하기 때문이다. 패자는 내 집 마련이 어려워 임대 시장의 문을 두드려야 하는 청년층이다. 설상가상으로 주택난 때문에 임

청년층은 주택 가격이 오를수록 첫 내 집 마련의 꿈이 요원해진다.

대료 상승률도 물가 상승률을 앞질렀다. 청년층은 매달 막대한 돈을 월세로 내지만, 노후를 위해 모기지를 갚을 수단이나 투자할 여력은 부족하다. '임대 세대generation rent'라 불리는 청년층은 내 집 마련은커녕, 소득이 끊기는 은퇴 후에도 계속 월세를 내야 할 것이란 점에서 지금까지의 기성세대와 사뭇 달라진 은퇴 생활을 경험하게 될 듯하다.

폭락

물론 수요 공급의 법칙에 따라 주택 가격은 항상 오르리라고 오해하기 쉽다. 주택 가격은 언제나 높을 것이라고 믿을 만한 충분한 이유가 있지만, 2006~2008년 폭락 사태에서도 보았듯 절대 하락하지 않는다는 보장은 없다. 2022년 여름 각국 중앙은행은 고인플레이션에 대응해 금리를 인상하기 시작했다. 문제는 금리가 오르기 시작하면, 부동산 투자자들은 수익 전망이 어둡다고 판단해 돌연 투자에서 발을 뺀다는 점이다. 이러한 요인들은 저성장, 실질 소득 감소 등의 악재들과 결합해 소비자 신뢰도를 급변시킬 수 있다. 그리고 투자자들은 가격이 더 떨어지기 전에 부동산을 처분해 버린다. 미국과 스페인, 아일랜드 등지에서는 시장 상황의 급변과 글로벌 금융 위기의 신용 경색으로 주택 가격이 최대 50%까지 하락했다. 영국의 하락 폭은 20%로 좀 더 완만했지만 단지 공급난이 더 심각했기 때문이었다. 따라서 부동산 중개인이나 모기지 영업 직원이 여러분에게 지금은 상황이 다르니 집값이 절대 하락할 리 없다고 말하거든 조심하고 또 조심하길 바란다.

주택 시장의 중요성

주택 시장은 더 폭넓게 경제 전체에도 영향을 미친다. 국가에 따라 다르지만, 주택은 개인이 보유한 자산 중 가장 중요한 유형으로, 가계의 50~70%가 자가를 소유하고 있다. 주택 가격이 오르면 긍정적인 부의 효과가 발생한다. 주택 소유주는 자신이 보유한 가장 중요한 자산의 가치가 상승하기 때문에 더욱 자신감이 솟는다. 또 그들은 주택 가격이 오를수록 그 주택을 담보 삼아 또 다른 자산에 투자를 확대해 나간다. 부동산 소유율이 70%에 달하는 영국은 주택 시장의 호황이 소비 지출에까지 긍정적 영향을 미칠 수 있다. 1980년대 후반 주택 가격 상승은 경제 호황을 촉진했다. 그러나 주택 가격이 하락하면 소비자 신뢰도도 쑥 내려간다. 주택 가격이 아주 큰 폭으로 떨어지면, 은행은 대출이 상환되지 못한 주택이 헐값에 압류되므로 손실을 입는다. 특히 2008년에는 은행들이 미상환 모기지로 수십억 달러를 손실 처리하고 그 결과 대출 제공을 꺼리게 되었을 만큼 사태가 심각했다. 부동산

주택 가격이 오르면 소비 지출이 늘어나지만, 떨어지면 소비자 신뢰도가 하락한다.

소유율이 낮은 국가라면 주택 가격이 하락해도 청년층 같은 일부 인구에겐 임차료와 집값 부담이 덜해진다는 이점이 있으므로 부작용이 덜할 수 있다. 그래도 주택 가격의 하락으로 경제에 전반적인 소비자 신뢰도가 떨어지는 후유증은 역시 무시할 수 없다.

알아두면 쓸모 있는 경제학 상식 사전

그림 및 사진 출처

알라미(Alamy) 88, 109, 114, 134, 152, 156, 195, 225, 253, 259, 286

플리커(Flickr) 261(IAEA)

게티이미지(Getty Images) 36, 144, 172, 206

미국 의회 도서관(Library of Congress) 131, 151, 294

셔터스톡(Shutterstock) 10, 14, 17, 23, 24, 32, 39, 40, 42, 45, 49, 50, 53, 56, 62, 65, 67, 68, 72, 75, 76, 79, 82, 85, 87, 92, 97, 112, 115, 128, 138, 148, 149, 150, 164, 179, 194, 198, 200, 201, 203, 210, 215, 218, 224, 235, 237, 245, 246, 248, 257, 258, 260, 262, 264, 267, 268, 270, 272, 273, 275, 276, 278, 280, 282, 283, 287, 291, 297, 301, 303

영국 웰컴 컬렉션(Wellcome Collection) 28, 102

위키미디어 공용(Wikimedia Commons) 44, 46, 51, 60, 95, 103, 145, 154, 160, 180, 183, 229, 232, 233, 240, 242, 281, 289

프리픽(FreePik) 4, 5, 6, 7, 12, 13

알아두면 쓸모 있는
경제학 상식 사전

제1판 1쇄 발행 2024년 7월 22일
제1판 5쇄 발행 2025년 1월 14일

지은이 테이번 페팅거
옮긴이 임경은
펴낸이 나영광
책임편집 오수진
편집 정고은, 김영미
영업기획 박미애
디자인 임경선

펴낸곳 크레타
등록 제2020-000064호
주소 경기도 고양시 덕양구 청초로 66 덕은리버워크 B동 1405호
전자우편 creta0521@naver.com
전화 02-338-1849
팩스 02-6280-1849
인스타그램 @creta0521

ISBN 979-11-92742-32-8 (03320)